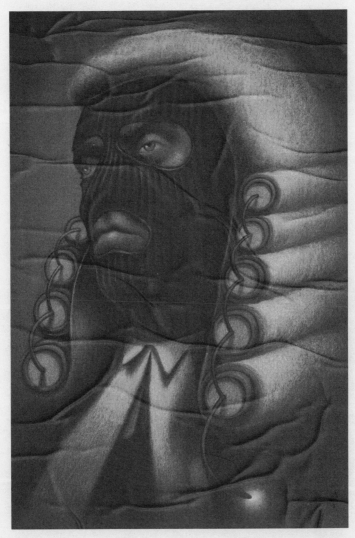

Pawel Kuczynski

SALAH H. KHALED JR.

DISCURSO DE ÓDIO E SISTEMA PENAL

TRADIÇÃO INQUISITÓRIA, TENTAÇÃO AUTORITÁRIA E RACIONALIDADE BINÁRIA

APRESENTAÇÃO MARCIA TIBURI PREFÁCIO GERALDO PRADO

3ª ED. REVISTA, AMPLIADA E MODIFICADA

Copyright © 2021 by Editora Letramento
Copyright © 2021 by Salah H. Khaled Jr.

Diretor Editorial | Gustavo Abreu
Diretor Administrativo | Júnior Gaudereto
Diretor Financeiro | Cláudio Macedo
Logística | Vinícius Santiago
Comunicação e Marketing | Giulia Staar
Assistente Editorial | Matteos Moreno e Sarah Júlia Guerra
Designer Editorial | Gustavo Zeferino e Luís Otávio Ferreira

Conselho Editorial | Alessandra Mara de Freitas Silva; Alexandre Morais da Rosa; Bruno Miragem; Carlos María Cárcova; Cássio Augusto de Barros Brant; Cristian Kiefer da Silva; Cristiane Dupret; Edson Nakata Jr; Georges Abboud; Henderson Fürst; Henrique Garbellini Carnio; Henrique Júdice Magalhães; Leonardo Isaac Yarochewsky; Lucas Moraes Martins; Luiz Fernando do Vale de Almeida Guilherme; Nuno Miguel Branco de Sá Viana Rebelo; Renata de Lima Rodrigues; Rubens Casara; Salah H. Khaled Jr; Willis Santiago Guerra Filho.

Todos os direitos reservados.
Não é permitida a reprodução desta obra sem aprovação do Grupo Editorial Letramento.

Dados Internacionais de Catalogação na Publicação (CIP) de acordo com ISBD

K45d Khaled Jr., Salah H.
       Discurso de ódio e sistema penal: tradição inquisitória, tentação autoritária e racionalidade binária / Salah H. Khaled Jr. - 3. ed. - Belo Horizonte : Letramento ; Casa do Direito, 2021.
       176 p. ; 15,5cm x 22,5cm.

       ISBN: 978-65-5932-033-2

       1. Direito. 2. Direito penal. 3. Discurso de ódio. 4. Brasil. I. Título.

2021-1793
                                                CDD 345.81
                                                CDU 343(81)

Elaborado por Vagner Rodolfo da Silva - CRB-8/9410

Índice para catálogo sistemático:
1. Direito penal : Brasil 345.81
2. Direito penal : Brasil 343(81)

Belo Horizonte - MG
Rua Magnólia, 1086
Bairro Caiçara
CEP 30770-020
Fone 31 3327-5771
contato@editoraletramento.com.br
editoraletramento.com.br
casadodireito.com

Casa do Direito é o selo jurídico do Grupo Editorial Letramento

PARA ALINE E MARTINA.

O mundo está farto de ódio.
Mahatma Ghandi

AGRADECIMENTOS

Para Geraldo Prado e Rubens Casara, companheiros de resistência democrática e símbolos da luta contra o ódio.

Para Brenno Tardelli pelo apoio na divulgação das versões originais de vários textos que integram o livro.

Para Henderson Fürst, por ter recomendado a publicação.

Para Gustavo Abreu e amigos da Letramento, pela aposta na obra.

Para Marcia Tiburi, que gentilmente contribuiu com a apresentação da obra.

Para todos os amigos e amigas que leram, curtiram e compartilharam os meus textos no Justificando, Empório do Direito, Conjur e Canal Ciências Criminais.

Finalmente, agradeço a Deus. Ele sabe porquê.

13   Apresentação para a primeira edição

15   Prefácio para a primeira edição

18   Introdução para a 3ª edição

21   **1.** A tradição inquisitória

40   **2.** A tentação autoritária

49   **3.** A racionalidade binária

55   **4.** Corpos objetificados: algo sobre passarinhos, gaiolas e lava jatos

62   **5.** Processo penal do espetáculo

68   **6.** Processo penal como fenômeno cultural

74   **7.** A criminalização da advocacia no Brasil

79   **8.** Meu ódio será tua herança: o STF e a tradição inquisitória

86   **9.** Eles, os juízes, vistos por um professor

94   **10.** Ela, a grande mídia, vista por um professor

100   **11.** A condução coercitiva de Lula e a economia moral de ilegalidades da operação lava jato

107   **12.** A racionalidade binária e a ruína da república: derrocada da democracia

114   **13.** Moro das lamentações: tragédia do juiz que pensava ser um deus

117   **14.** O discurso de ódio e a (im)possível retomada do limite

121 **15.** A HORA DA VERDADE: A FORÇA DO IMPEACHMENT CONTRA O OBSTÁCULO DA LEGALIDADE

125 **16.** A REPÚBLICA DA COBRA: SOMENTE TOLOS RIDICULARIZAM DISCURSO DE ÓDIO

130 **17.** JAMAIS IMAGINEI QUE VIVERIA PARA VER OUTRO GOLPE

135 **18.** A SUSPENSÃO DE CUNHA DEMONSTROU QUE O TEMPO DO JUDICIÁRIO ERA DE EXCEÇÃO

139 **19.** INTERCURSO. A MORTE DO REMÉDIO HEROICO: PRISÃO DECRETADA DE OFÍCIO EM HABEAS CORPUS

143 **20.** NA REPÚBLICA DOS DELATORES, O ÓDIO PREVALECE SOBRE A VERDADE

148 **21.** LIVRE CONVENCIMENTO MOTIVADO: O IMPÉRIO DO DECISIONISMO NO DIREITO

APRESENTAÇÃO PARA A PRIMEIRA EDIÇÃO

O ódio surge em nossa época como uma espécie de emoção comum. Quando dizemos que ele é um afeto, queremos dizer que toca a todos, que está ao alcance de qualquer um. É das emoções que sejam compartilhadas, capazes de contagiar a muita gente. Somos condicionados a pensar que o ódio seja assim, algo próprio e, portanto, natural, que nasce na intimidade de alguém como algo inevitável. Na mesma linha, costumamos contrapor ao ódio o amor, pensando que ele também é natural. E esse é o começo dos erros que cometemos em nome desses afetos. Porque, ao tê-los como naturais, eles nos tornam cegos e, no limite, autoritários.

O ódio que cada um sente dá a sensação de uma verdade alcançada e inquestionável em relação ao objeto do ódio. A sensação de autoridade que o ódio produz é impagável. Ela faz alguém se sentir grandioso, superior ao que se odeia. É essa compensação imediata que se alcança pelo ódio, o que o amor nem sempre fornece. Por que o amor é uma emoção que se dá em outro tempo. Ele é lento quando comparado ao ódio. Para quem odeia, o ódio é experimentado como uma coisa boa. Além de tudo, aquele que sente ódio se sente como uma autoridade, justamente porque o ódio, como qualquer afeto, parece evidenciar verdades. O perigo está em que o ódio não é apenas sentido em relação a algo que se revela odiável, mas o ódio pode ser produzido na direção de um objeto que não se imaginou odiar antes. Podemos assim estimular o ódio, o nosso próprio e o dos outros, e procurar o que odiar depois. Do mesmo modo, podemos fazer com o amor. Não dizemos que há pessoas cheias de amor para dar? Ora, os afetos são energias psíquicas que surgem de tempos em tempos para manter tudo como está ou para causar transformações.

O ódio pode ser contraposto ao amor apenas genericamente. O que os dois afetos nada têm em comum é que podem ser manipulados sem muita dificuldade. Diremos que o amor é construtivo e o ódio é destrutivo, mas ambos são afetos criados, inventados, fomentados por um mecanismo poderoso, o discurso que pode ser imagético ou verbal. Assim, o ódio se faz discurso, mas apenas quando a ordem do discurso usa o ódio, assim como pode, em outro momento, usar o amor para os fins aos quais serve. Na sociedade do espetáculo, a manipulação do ódio se dá pelos meios de comunicação de massa.

Nesse contexto de imaginação manipulada e controlada, o que ninguém percebe é que o ódio que transita não lhe pertence. Assim como as pessoas vivem a repetir ideais prontas que não são suas, que são impensadas, do mesmo modo, reproduzem afetos que não são seus. O vazio afetivo é vivido com emoções alheias, com mercadorias emocionais, daí o verdadeiro culto de emoções que vemos em estádios de futebol, em igrejas, diante das televisões e até mesmo nas ruas. O vazio emotivo, efeito de subjetividades canceladas, é vivido como anestesia insuportável. Muitas pessoas encontram o ódio nesse momento e sentem, por meio dele, uma específica sensação de força e poder. Ligado àquela sensação de autoridade, o ódio faz um sucesso impressionante nas instituições que controlam o poder.

É nesse momento que o ódio se liga ao poder penal, tema desse instigante livro de Salah H. Khaled Jr. O ódio é o que leva qualquer um à sensação da autoridade; em nossa sociedade, ele se expressa no lugar imaginário de promotor e juiz vivido por cidadãos comuns. Julgamentos e condenações são banalizados e surgem como entretenimento e até mesmo como diversão para aqueles que vivem no regime afetivo do ódio manipulado, alienados de outros afetos. O ódio é um regime afetivo e também ético-político, que causa efeitos concretos na sociedade. Em sua aliança com o poder penal, o ódio nos faz construir um outro, o criminoso como um outro. É nessa sociedade que a corrupção se torna uma espécie de "crime do outro", como o mal a ser exorcizado.

Cegos de ódio, cidadãos comuns tornam-se incapazes de fazer perguntas. E, sobretudo, a pergunta essencial sobre o modo como se tornaram cegos. O livro de Salah Khaled nos leva de volta à dúvida amorosa e à inteligência dos afetos tão em baixa nesse momento.

MARCIA TIBURI

PREFÁCIO PARA A PRIMEIRA EDIÇÃO

Tempos estranhos que estamos vivendo.

Brasileiros com nervos à flor da pele, opinando enfaticamente sobre os rumos do país a partir da interpretação coletiva, não necessariamente consensual, de um processo criminal que transcendeu o foro e aportou na política: a Operação Lava-Jato.

O belíssimo livro do Professor Salah H. Khaled Jr. reúne artigos publicados recentemente, neste contexto de emoções intensas, que se expressam não raro por meio da violência verbal e física, característica cada vez mais visível no cenário do que deveria ser o debate político.

O autor é processualista penal e historiador. Dono de invejável capacidade analítica, Salah H. Khaled Jr. está particularmente dotado das condições para perceber o ressurgimento vigoroso de manifestações de ódio em diversos campos, manifestações que compartilham uma espécie de genealogia autoritária típica das práticas jurídicas: aquela que remete à mentalidade inquisitorial.

A vizinhança promíscua entre mentalidade inquisitorial e autoritarismo, com o emprego constante da violência por parte de alguns agentes do Estado, é responsável no atual estágio pela instauração de um ambiente propício ao fascismo, com pessoas e grupos atuando com inspiração no ódio mais primário. Busca-se a destruição do Outro, identificado nestes tempos como inimigo.

A obra prefaciada, em seus vários ensaios, compõe com outras um mosaico precioso do que tem sido o fascismo na América Latina. Gisele dos Reis Cruz e Jeronimo Marques de Jesus Filho ("Fascismos, modernidade e pós-modernidade: a tentação conservadora") apontam para o fato de que o fascismo no Brasil nunca foi antimoderno, mas "antissocialista e antiliberal", o que explica o viés agressivo direcionado aos grupos sociais organizados para fazer frente à exploração do capital, assim como a forte contestação às garantias do processo.

A proposta contida nos diversos artigos do belíssimo livro de Salah H. Khaled Jr. converge, também, com a obra de outra gaúcha, a filósofa Marcia Tiburi ("Como conversar com um fascista: reflexões sobre o cotidiano autoritário brasileiro"). O autor traça refinados diagnósticos de sintomas e causas dessa deriva autoritária, que na perspectiva escolhida são tratados preferencial, mas não exclusivamente, pelo ângulo do funcionamento do Sistema Penal, de sorte a criar condições para, no âmbito de disputa ideológica que está definido, destravar o debate e encontrar caminhos que favoreçam a solidariedade. Os artigos são analíticos, mas, em grande medida, também propositivos.

Esta é uma das virtudes de "Discurso de ódio e sistema penal". Ao delimitar o espaço de incidência das práticas autoritárias – menoridade penal, pensamento único, espetacularização do drama criminal – o conjunto da obra beneficia o leitor ao apontar para outros mundos possíveis.

Isso fica muito claro, por exemplo, na articulação dos ensaios sobre grande mídia, inquisidores espetaculares e corpos objetificados.

Interessante como o fascismo pode ser acusado de muitas coisas, menos de originalidade. No atual momento, é inequívoco que o Sistema Penal está em disputa. As empresas que monopolizam a comunicação social no Brasil buscam se apropriar dele para fins políticos e isso potencializa mutilações à liberdade, convertendo a ação política em atividade bélica.

Ao analisar o fascismo de Franco, na Espanha, o pensador catalão Manuel Castells rememora sua experiência juvenil de resistência, produzindo a partir de um rudimentar mimeógrafo textos de insurgência que terminaram por lhe custar o exílio na França aos vinte anos de idade. Sublinha Castells:

> O que eu percebi então, e creio agora, é que o poder está baseado no controle da comunicação e da informação, seja ele o poder macro do Estado e das corporações de mídia, seja o poder micro de todos os tipos de organização. Assim, minha luta pela livre comunicação e meu blog primitivo de tinta roxa daquela época eram realmente um ato de resistência, e os fascistas, de sua perspectiva, estavam certos ao tentar nos agarrar e nos calar, e com isso fechar os canais de conexão entre mentes individuais e a mente pública. O poder é mais do que comunicação e a comunicação é mais do que o poder. Mas o poder depende do controle da comunicação, assim como o contrapoder depende do rompimento desse controle. E a comunicação de massa, a comunicação que potencialmente atinge a sociedade como um todo, é moldada e administrada por relações de poder, tem raízes nos negócios da mídia e nas políticas do Estado. O poder da comunicação está no âmago da estrutura e da dinâmica da sociedade.[1]

---

[1] CASTELLS, Manuel. *O poder da comunicação*. Tradução: Vera Lúcia Mello Joscelyne. Rio de Janeiro: Paz e Terra, 2015.

Não há como deixar de assinalar a ironia de que a lógica de descentração dos sujeitos, a atomização e o pensamento único estão presentes em todas as experiências autoritárias e violentas dos últimos cem anos, com as forças políticas antipopulares a instilar ódio entre os seres humanos.

De lamentar que a opção preferencial destas forças pelo Sistema Penal haja produzido este genocídio em vida, que é o grande encarceramento.

Por outro lado, a existência de pensadores de resistência e lucidez, como Salah H. Khaled Jr., conforta porque nos dá esperança de vencer, apesar dos fascistas. E vencer, entendam bem, não significa derrotá-los em luta política fratricida, mas convencê-los de que a humanidade de cada um de nós é mais potente que a pulsão destruidora. Em suma, trazê-los para o estado de direito.

Aproveitem o livro, inspirados na ideia que toma conta da resistência nestes tempos sombrios: vamos colocar o ódio de lado, para deixar passar o nosso amor!

Parabéns, Professor Salah H. Khaled Jr., pela imprescindível iniciativa!

GERALDO PRADO

INTRODUÇÃO PARA A 3ª EDIÇÃO

Este é um livro diferente de todos os outros que eu já escrevi. Foi escrito no calor do momento e retrata, de modo fundamentado, o período da história brasileira que defino ao longo do texto como "ruína da República e derrocada da democracia". A narrativa original contemplava a janela 2013-2016 e retratava como a tradição inquisitória, a tentação autoritária e a racionalidade binária compuseram um projeto político, jurídico e cultural de desestabilização da democracia, que lançou o país em uma vertigem reacionária cujo final ainda está longe de ser vislumbrado.

Meu grande desafio nesta edição consiste em ampliar o texto desenvolvido de forma seriada e tentar arrematar a narrativa com algo próximo de um início, meio e fim. Uma análise contemporânea aos fatos tem suas vantagens e desvantagens. Na historiografia, discutimos muito sobre a *história do tempo presente*, uma aventura arriscada e para a qual a maioria dos historiadores não se sente preparada. Mas reencontrando o texto em 2020, eu percebo o quanto são preciosos os *insights* obtidos naquele momento. A análise original resistiu ao teste do tempo melhor do que eu poderia esperar. Muito do que eu intuitivamente percebia veio a se confirmar na realidade concreta. Evidentemente, eu preferiria que não; essa é uma daquelas oportunidades nas quais um intelectual reconhece que gostaria de estar errado.

Os propósitos que moviam muitos dos protagonistas do que veio a se tornar conhecido como lavajatismo parecem agora mais evidentes do que nunca. O fato de Moro ter se exonerado após ter dado como cumprida a sua missão deixou isso muito claro. O trabalho do Intercept no âmbito do que ficou conhecido como Vaza-Jato explicitou de modo inegável o que muitos de nós já sabiam: havia uma indistinção de papéis e sobreposição de funções que tornava indiscerníveis os lugares de atuação de pessoas que ocupavam cargos em diferentes instituições, como a Polícia Federal, o Ministério Público Federal e em especial, o juiz Sérgio Moro, da Justiça Federal, cuja imparcialidade foi completamente comprometida. Moro não atuou como garantidor das regras do jogo e de direitos fundamentais, mas como acusador que dialogava constantemente com Deltan Dallagnol para consolidar um objetivo que lhes era comum. Nada disso é novidade para observadores mais atentos, pois era visível na prática. Talvez somente o grau de comprometimento mútuo seja um tanto quanto surpreendente, motivo pelo qual o STF acabou por finalmente reconhecer a suspeição de Moro.

De certo modo, essa clareza torna muito mais fácil a tarefa de atualizar o livro, que restava inacabado; mas não torna mais suportável a atual quadra histórica... ou atenua o gosto amargo que ainda perdura na garganta de quem viveu de forma tão intensa aqueles anos.

Hoje, como ontem, a luta ainda é pela legalidade. Pelas decisões que tomamos quando fundamos a República, em 1988. E por justiça social, é claro. Este é um livro engajado, escrito para quem se sente seduzido pelo projeto de realização constitucional da solidariedade. Há quem diga abertamente que é contra aquele projeto. Há quem prefira os voluntarismos, os moralismos, a simplificação, as fake news, a pós-verdade e tudo que contribua para a tacanha visão de mundo que lhe é cara e que gostaria de impor aos outros, supostamente em nome da virtude e até, dirão, em nome de Deus, como se agissem segundo a vontade da Divina Providência.

De forma velada, dão vazão ao próprio ódio e são movidos por uma intenção de erradicação da diferença. São perigosos porque acreditam fortemente no propósito que os guia. E por essa razão, empreendem cruzadas contra aqueles que que definem como inimigos.

Nos últimos anos, o sistema penal dinamizado pela tradição inquisitória funcionou como um mecanismo (a ironia não me escapa) cuja finalidade consistiu em canalizar o ódio, em dar forma a ele. O objetivo era claro: transformar o ódio em um afeto capaz de produzir mudanças sensíveis na realidade. Por meio dele e através dele, a racionalidade binária veio a ser instituída como *modus vivendi* no país, corroendo relações, verticalizando vínculos sociais e arruinando a República. Reverter a epidemia de ódio que consumiu a nação possivelmente exigirá os esforços de pelo menos uma geração. Ou mais. Essa é a tarefa inadiável do nosso tempo: rechaçar a tentação autoritária, rejeitar a tradição inquisitória e desvelar o perigo que representa a racionalidade binária.

Já disse isso em outro lugar e agora, direi novamente. Sou um professor. Assim resisto e persisto. Escrevendo. Uma vez mais, retorno à linha de frente. Fico feliz em ter você ao meu lado.

SALAH H. KHALED JR.

Em isolamento social, outono de 2021.

1.
A TRADIÇÃO INQUISITÓRIA

No primeiro capítulo, irei traçar um panorama sintético da tradição inquisitória.[2] Minha intenção consiste em esclarecer tanto a gênese do inquisitorialismo quanto problematizar a sua permanência no atual cenário democrático-constitucional, que, por definição, deve(ria) representar uma interdição de práticas punitivas autoritárias, como as que foram centrais para o projeto de ruína da República e derrocada da democracia, consolidado nos últimos anos.

No dia 5 de outubro de 1988, Ulysses Guimarães declarou promulgada a Constituição e arrematou: "O documento da liberdade... da dignidade... da democracia... da justiça social... do Brasil!".

Estava (re)fundada a República. Após 21 anos de ditadura e um limbo político de transição com uma eleição presidencial indireta, o Brasil finalmente tinha uma chance para recomeçar a partir de outras bases. E por um bom tempo, parecia que de fato teríamos condições de superar a sina que nos persegue desde a proclamação da República, ou seja, comemorar breves irrupções de liberdade que logo são seguidas de devaneios autoritários de longa duração.

A Constituição brasileira completou trinta anos em 2018. Para um país com pouca tradição democrática como o Brasil, trata-se de uma data marcante, pois estamos historicamente acostumados a testemunhar a ruptura autoritária da ordem política.

É compreensível que não levemos em consideração a potência cidadã de uma constituição. Em menos de duzentos anos de história como país independente, já estamos na sétima (ou oitava, se considerarmos a aventura militar de 1969 como constituição) carta magna do país. Países como os Estados Unidos tiveram apenas uma constituição, ainda que ela possa ter sofrido emendas. E os cidadãos norte-americanos

---

2 Para uma visão aprofundada, ver KHALED JR, Salah H. A busca da verdade no processo penal: para além da ambição inquisitorial. 3ª edição. Belo Horizonte: Letramento, 2020.

a conhecem razoavelmente bem. Certas prerrogativas literalmente fazem parte do seu vocabulário, enquanto a CF/88 é uma ilustre desconhecida para os brasileiros, que não raro, ignoram completamente os direitos fundamentais e garantias inseridos em seu Art. 5º. Toleramos brutais diferenças de tratamento e convivemos naturalmente com a exclusão e a desigualdade, o que não deixa de ser condizente com a história do país desde os tempos coloniais.

Passadas três décadas desde a sua promulgação, não temos muito o que comemorar: seu déficit de efetividade é claramente visível, particularmente no que se refere ao âmbito das práticas punitivas, mas também é uma dura realidade em outras esferas. Um exemplo em especial nos interessa aqui. Cerca de dois anos antes do seu trigésimo aniversário, o sentido da Constituição foi ultrapassado para consolidar um impeachment no qual o inarredável crime de responsabilidade não se configurava.

Retornarei a essa questão no momento oportuno. Por ora, essa questão terá que aguardar. Inicialmente será preciso retroceder ainda mais na história, para somente então reencontrar o passado recente e a realidade contemporânea de 2020.

Como eu referi na apresentação, a ruína da República e a derrocada da democracia se devem fundamentalmente a três fatores interconectados, a partir dos quais, múltiplas dimensões de significado estão articuladas: a tradição inquisitória, a tentação autoritária e racionalidade binária.

O primeiro capítulo deste livro se dedica a discutir a permanência da tradição inquisitória no âmbito das práticas punitivas brasileiras, o que, por definição, contrária de modo flagrante a arquitetura processual penal acusatória estabelecida na Constituição. Sem um arcabouço autoritário de processo penal a sua disposição, um simples juiz federal não teria conseguido produzir modificações tão significativas nos rumos do país, por mais poderosas que fossem as forças com as quais ele pudesse contar para consolidar seu intento.

Por força dessa tradição, que ainda é dominante no Judiciário brasileiro, os atores do sistema penal permanecem propensos a violar direitos fundamentais e flexibilizar garantias, deformando na prática a estrutura regrada do devido processo legal e consagrando cada vez mais o decisionismo. É possível que em 2016, tenha sido alcançado o ápice do que representa ou poderia representar o limite máximo de deformação que o devido processo legal pode suportar, com a reafirmação incisiva da epistemologia inquisitória em diversas instâncias do Judiciário brasileiro, o que incluiu o próprio Supremo Tribunal Federal, guardião da Constituição. Trata-se do episódio que consolidou a execução antecipada da pena, que o STF viria a reverter posteriormente, como discutirei a seu tempo.

A permanência do inquisitorialismo não é facilmente compreensível, uma vez que a Constituição representa uma abertura democrática em sede processual e consagrou um sistema processual penal acusatório.[3] No entanto, continua irrealizada sua promessa acusatória, uma vez que nosso sistema processual penal ainda é animado por uma doentia ambição de verdade, que se recusa a arrefecer.[4] Em nome dessa insaciável busca, permanece imperando um processo penal do inimigo, cujo sentido consiste na obtenção da condenação a qualquer custo. O fetiche pela legislação infraconstitucional ainda seduz a imaginação persecutória de muitos magistrados: nosso Código de Processo Penal (de 1941) é tido como livro sagrado, continuamente apto a potencializar práticas visivelmente inquisitórias e antidemocráticas. Nada parece impedir a continuidade de sua aplicação e muito menos que diante da perspectiva de um novo código, os juízes se manifestem temerosos com a possibilidade de retirada de poderes que lhes permitam buscar

---

3 Como observa Lopes Jr., "inicialmente, não prevê nossa Constituição – expressamente – a garantia de um processo penal orientado pelo sistema acusatório. Contudo, nenhuma dúvida temos da sua consagração, que não decorre da 'lei', mas da interpretação sistemática da Constituição. Para tanto, basta considerar que o projeto democrático constitucional impõe uma valorização do homem e do valor dignidade da pessoa humana, pressupostos básicos do sistema acusatório. Recorde-se que a transição do sistema inquisitório para o acusatório é, antes de tudo, uma transição de um sistema político autoritário para o modelo democrático. Logo, democracia e sistema acusatório compartilham uma mesma base espistemológica". Segundo Lopes Jr., para além disso, a Constituição possui uma série de regras que desenham um modelo acusatório, como por exemplo: titularidade exclusiva da ação penal pública por parte do Ministério Público (art. 129, I); contraditório e ampla defesa (art. 5º, LV); devido processo legal (art. 5º, LIV), presunção de inocência (art. 5º LVII) e exigência de publicidade e fundamentação das decisões judiciais (art. 93, IX). LOPES JR, Aury. *Direito Processual Penal e sua Conformidade Constitucional*. Rio de Janeiro: Lumen Juris, 2010, p. 182-183.

4 Ver KHALED JR, Salah H. A busca da verdade no processo penal: para além da ambição inquisitorial. 3ª edição. Belo Horizonte: Letramento, 2020

a verdade real.[5] Ainda temos que avançar e muito, pois permanecemos presos a um núcleo de pensamento autoritário que é preciso urgentemente superar para fortalecer a democracia. Como observa Maier, a correlação entre o sistema político imperante e o conteúdo do direito processual penal é mais direta e imediata do que em qualquer outro ramo do ordenamento jurídico, incluindo o direito penal material.[6] Segundo Badaró, a questão é muito mais política do que técnico-processual, pois a escolha do sistema processual decorre do próprio modelo que o Estado instituiu e das relações deste Estado com seus cidadãos.[7] Para o autor, "a relação processual penal é um reflexo da relação entre Estado e indivíduo ou, mais especificamente, entre autoridade e liberdade".[8] Como assinala Goldschmidt, os princípios da política processual de uma nação não são outra coisa que segmentos de sua política estatal em geral. Pode ser dito que a estrutura do processo penal de uma nação é o termômetro dos elementos democráticos ou autoritários de sua Constituição.[9]

Portanto, temos aqui um impasse aparentemente insuperável: Constituição com projeto acusatório e realidade de consagração e celebração inquisitória, ainda que, para muitos, nosso sistema processual penal seja percebido como misto, ou seja, como um terceiro sistema que se diferenciaria do acusatório e do inquisitório em função das características próprias que lhe seriam supostamente peculiares.

Adentrar a questão da definição acusatória, inquisitória ou mista dos sistemas processuais conduz ao enfrentamento de uma das temáticas mais polêmicas do processo penal, sobretudo pela discórdia quanto ao elemento que propriamente caracteriza um sistema concreto dentro de uma das espécies referidas. Jacinto Nelson de Miranda Coutinho

---

5 CUNHA MARTINS, Rui. *O ponto cego do direito:* the brazilian lessons. Rio de Janeiro: Lumen Juris, 2010, p. 37.

6 MAIER, Julio B.J. *Derecho procesal penal I:* fundamentos. Buenos Aires: Editores del Puerto, 2006, p. 260.

7 BADARÓ, Gustavo Henrique Righi Ivahy. *Ônus da prova no processo penal.* São Paulo: RT, 2003, p. 106.

8 BADARÓ, Gustavo Henrique Righi Ivahy. *Ônus da prova no processo penal.* São Paulo: RT, 2003, p. 106.

9 GOLDSCHMIDT, James. Problemas jurídicos y políticos del proceso penal. In: GOLDSCHMIDT, James. *Derecho, derecho penal y proceso I:* problemas fundamentales del derecho. Madrid: Marcial Pons, 2010, p. 778.

definiu o que propriamente significa sistema, em seu sentido jurídico-processual: "conjunto de temas jurídicos que, colocados em relação por um princípio unificador, formam um todo orgânico que se destina a um fim".[10] Para Coutinho, o princípio dispositivo e o princípio inquisitório dão sustentáculo ao sistema acusatório e ao sistema inquisitório, respectivamente: não há propriamente um terceiro sistema, que possa ser tido como misto, como alguns extraem a partir de uma leitura legitimante do Código de Processo Penal de 1941.[11] Desse modo, a partir da noção de princípio unificador, Coutinho sustenta que o dito sistema misto é um sistema essencialmente inquisitório. Para o autor, "o sistema processual penal brasileiro é, na sua essência, inquisitório, porque regido pelo princípio inquisitivo, já que a gestão da prova está, primordialmente, nas mãos do juiz".[12] Desde essa perspectiva, como o critério final de definição é a gestão da prova, o sistema brasileiro acaba sendo maculado por esse caráter inquisitório.[13] Em concordância,

---

10 COUTINHO, Jacinto Nelson de Miranda. O papel do juiz no processo penal. In: COUTINHO, Jacinto Nelson de Miranda (coord.) *Crítica à teoria geral do direito processual penal*. Rio de Janeiro: Renovar, 2001, p. 16.

11 Como indica o autor, "salvo os menos avisados, todos sustentam que não temos, hoje, *sistemas puros*, na forma clássica como foram estruturados. Se assim o é, vigora sempre *sistemas mistos*, dos quais, não poucas vezes, tem-se uma visão equivocada (ou deturpada), justo porque, na sua *inteireza*, acaba recepcionado como um terceiro sistema, o que não é verdadeiro. O dito *sistema misto, reformado* ou *napoleônico* é a conjugação dos outros dois, *mas não tem um princípio unificador próprio*, sendo certo que ou é *essencialmente inquisitório* (como o nosso), com algo (características secundárias) proveniente do sistema acusatório, ou é *essencialmente acusatório*, com alguns elementos característicos (novamente secundários) recolhidos do sistema inquisitório. Por isto, *só formalmente podemos considerá-lo como um terceiro sistema*, mantendo viva, sempre, a noção referente a seu *princípio unificador*, até porque está aqui, quiçá, o ponto de partida da alienação que se verifica no operador do direito, mormente o processual, descompromissando-o diante de um atuar que o sistema está a exigir ou, pior, não o imunizando contra os vícios gerados por ele". COUTINHO, Jacinto Nelson de Miranda. O papel do juiz no processo penal. In: COUTINHO, Jacinto Nelson de Miranda (coord.) *Crítica à teoria geral do direito processual penal*. Rio de Janeiro: Renovar, 2001, p. 16.

12 COUTINHO, Jacinto Nelson de Miranda. Introdução aos princípios gerais do processo penal brasileiro. In: *Revista de estudos criminais* n.1. Porto Alegre: Notadez Editora, 2001, p. 29.

13 COUTINHO, Jacinto Nelson de Miranda. Glosas ao verdade, dúvida e certeza, de Francesco Carnelutti, para os operadores do Direito. In: *Anuário Ibero-americano de direitos humanos*. Rio de Janeiro: Lumen Juris, 2002, p. 185.

Lopes Jr. afirma que a separação inicial das funções de acusar e julgar não é o núcleo fundante dos sistemas e, portanto, é insuficiente para sua caracterização.[14] Como observa o autor, ainda que a separação das funções de acusar e julgar seja uma característica importante do sistema acusatório, não basta que essa separação seja apenas inicial, deixando o magistrado livre para assumir papel ativo na busca da prova e praticando atos típicos da parte acusadora.[15]

É importante deixar claro que o que está em jogo nessa definição não é uma mera etiqueta acadêmica: a concessão de poderes para que o juiz produza provas representa uma porta aberta para o decisionismo e para a reprodução da patologia inquisitória; como afirma Coutinho, "abre-se ao juiz a possibilidade de decidir antes e, depois, sair em busca do material probatório suficiente para confirmar sua versão, isto é, o sistema legitima a possibilidade da crença no imaginário, ao qual toma como verdadeiro".[16] Como bem refere Lopes Jr., atribuir poderes instrutórios a um juiz – em qualquer fase – é um grave erro, que acarreta a destruição completa do processo penal democrático.[17] Afinal, não se pode supor que o juiz seja alheio a paixões humanas e que ele não tenha uma hipótese que, mesmo inconscientemente, possa tentar provar caso lhe seja atribuída a iniciativa da investigação.[18] Quando isso ocorre, como diz Lopes Jr., "a verdade não é construída pela prova e a instrução, senão que vem dada pelo juiz a partir de sua escolha

---

14 LOPES JR, Aury. *Direito Processual Penal e sua Conformidade Constitucional*. Rio de Janeiro: Lumen Juris, 2010, p. 67.

15 LOPES JR, Aury. *Direito Processual Penal e sua Conformidade Constitucional*. Rio de Janeiro: Lumen Juris, 2010, p. 70.

16 COUTINHO, Jacinto Nelson de Miranda. Introdução aos princípios gerais do processo penal brasileiro. In: *Revista de estudos criminais* n.1. Porto Alegre: Notadez Editora, 2001, p. 37.

17 LOPES JR., Aury. *Introdução crítica ao processo penal: fundamentos da instrumentalidade garantista*. 2ª ed. Rio de Janeiro: Lumen Juris, 2005, p. 173.

18 Lopes Jr. ressalta que "ademais, a busca da verdade substancial, mediante uma investigação inquisitiva, mais além dos limitados recursos oferecidos pelo respeito às regras processuais, conduz ao predomínio das opiniões subjetivas, e até aos prejulgamentos irracionais e incontroláveis dos julgadores. O arbítrio surge no momento em que a condenação e a pena dependem unicamente da suposta sabedoria e eqüidade dos juízes". LOPES JR, Aury. *Introdução crítica ao processo penal:* fundamentos da instrumentalidade garantista. 2ª ed. Rio de Janeiro: Lumen Juris, 2005, p. 48.

inicial".[19] Não é diferente a posição de Geraldo Prado, que afirma que quando o juiz "[...] se dedica a produzir provas de ofício se coloca como sujeito ativo do conhecimento a empreender tarefa que não é neutra, pois sempre deduzirá a hipótese que pela prova pretenderá ver confirmada".[20] O autor refere que "a construção teórica do princípio acusatório há de consumar-se mediante oposição ao sistema inquisitivo. São antagônicas as funções que os sujeitos exercem nos dois modelos do processo. É desse antagonismo, portanto, que as diferenças devem ser extraídas".[21] Prado pensa desde a perspectiva de princípio acusatório como fundante do sistema acusatório, pois embora considere que há grande coincidência entre princípio dispositivo e acusatório, aponta que princípio dispositivo significa permissão para dispor sobre o objeto do processo em tramitação, não sendo caracteristicamente acusatório ou inquisitório.[22]

Rui Cunha Martins contribuiu para a discussão sobre o princípio unificador do sistema, apontando que a obsessão pela verdade dos fatos do sistema inquisitório optava por confiar a gestão das provas a um magistrado pouco dado a sutilezas de ordem tensional.[23] Para Cunha Martins, um sistema processual penal de viés constitucional só pode ter um princípio unificador: a democraticidade.[24] A partir dessa

---

19 LOPES JR., Aury. *Introdução crítica ao processo penal:* fundamentos da instrumentalidade garantista. 2ª ed. Rio de Janeiro: Lumen Juris, 2005, p. 264.

20 PRADO, Geraldo. *Sistema acusatório: a conformidade constitucional das leis processuais penais.* Rio de Janeiro: Lumen Juris, 2006, p. 141.

21 PRADO, Geraldo. *Sistema acusatório: a conformidade constitucional das leis processuais penais.* Rio de Janeiro: Lumen Juris, 2006, p. 106.

22 PRADO, Geraldo. *Sistema acusatório: a conformidade constitucional das leis processuais penais. Rio de Janeiro: Lumen Juris,* 2006, p. 115. O autor considera que no processo inquisitório, nada impede que o juiz/acusador desista do processo e o encerre mediante arquivamento, o que não transformará o processo inquisitório em acusatório. Já no processo acusatório, o juiz não pode condenar o réu diante de um requerimento/alegação final do acusador em que seja pedida absolvição, sob pena de ofender o contraditório. PRADO, Geraldo. *Sistema acusatório: a conformidade constitucional das leis processuais penais.* Rio de Janeiro: Lumen Juris, 2006, p. 118.

23 CUNHA MARTINS, Rui. *O ponto cego do direito:* the brazilian lessons. Rio de Janeiro: Lumen Juris, 2010, p. 93.

24 De acordo com o autor, "Em bom rigor, o sistema processual de inspiração democrático-constitucional só pode conceber um e um só "princípio unificador": a democraticidade; tal como só pode conceber um e um só modelo sistêmico: o

definição, Cunha Martins sustenta que a pergunta a ser feita a qualquer elemento, mecanismo ou prática, seja de que tipo for, desde que atuante na esfera do sistema processual, é a seguinte: *é este mecanismo ou elemento, ou prática seja de que tipo for, compaginável com o cenário democrático-constitucional regente do próprio sistema em que ele se insere?* Para o autor, é essa questão que verdadeiramente interessa colocar em permanência.[25] Cunha Martins considera que a democraticidade – tal como produzida pelo patamar político-constitucional – deve ser concebida como modelo gerente que deve colocar-se como "[...] *limite* às derivas processuais de fundo autoritário, impondo um sistema processual que possa considerar-se ele mesmo um aparelho limite ao poder punitivo".[26] Como refere Carvalho, "[...] o direito (penal e processual penal), capacitado desde o *locus* constitucional, otimizaria mecanismos de frenagem ao excesso punitivo do Estado, à coação direta própria da gestão dos aparatos penais reduzindo os danos produzidos aos direitos e garantias fundamentais".[27] Segundo Prado, "[...] Constituição e Processo Penal lidam com algumas importantes

---

modelo democrático. Dizer "democrático" é dizer o contrário de "inquisitivo", é dizer o contrário de "misto" e é dizer mais do que "acusatório". Inquisitivo, o sistema não pode legalmente ser; misto também não se vê (porque se é misto haverá uma parte, pelo menos, que fere a legalidade); acusatório, pode ser, porque se trata de um modelo abarcável pelo arco de legitimidade. Mas só o poderá ser à condição: a de que esse modelo acusatório se demonstre capaz de protagonizar essa adequação. Mais do que acusatório, o modelo tem que ser democrático. A opção por um modelo de tipo acusatório não é senão a via escolhida para assegurar algo de mais fundamental do que ele próprio: a sua bandeira é a da democracia e ele é o modo instrumental de a garantir. Pouca virtude existirá em preservar um modelo, ainda que dito acusatório e revestido, por isso, de uma prévia pressuposição de legalidade, se ele comportar elementos susceptíveis de ferir o vínculo geral do sistema (o tal "princípio unificador": a democraticidade), ainda quando esses elementos podem até não ser suficientes para negar, em termos técnicos, o caráter acusatório desse modelo. Não é o modelo acusatório enquanto tal que o sistema processual democrático tem que salvar, é a democraticidade que o rege". CUNHA MARTINS, Rui. O ponto cego do direito: the brazilian lessons. Rio de Janeiro: Lumen Juris, 2010, p. 93-94. Grifos do autor.

25 CUNHA MARTINS, Rui. *O ponto cego do direito:* the brazilian lessons. Rio de Janeiro: Lumen Juris, 2010, p. 94.

26 CUNHA MARTINS, Rui. *O ponto cego do direito:* the brazilian lessons. Rio de Janeiro: Lumen Juris, 2010, p. 95.

27 CARVALHO, Salo de. *Antimanual de criminologia.* Rio de Janeiro: Lumen Juris, 2008, p. 101.

questões comuns: a proteção aos direitos fundamentais e a separação dos poderes".[28] Para ele, é possível identificar claramente um vínculo entre direito-processo-democracia.[29]

É claro que um critério como a democraticidade representa uma contribuição desejável para a consolidação de um sistema acusatório de corte democrático. Mas logicamente ele não é conceitualmente tão preciso quanto a gestão da prova para propriamente definir o caráter inquisitório ou acusatório de um dado modelo processual penal, motivo pelo qual deve ser compreendido como complementar e não como superação conceitual do já consolidado critério proposto por Jacinto Nelson de Miranda Coutinho.

De qualquer modo, parece claro que a democraticidade impõe que o funcionamento do sistema penal deve partir do necessário respeito ao princípio maior – a dignidade da pessoa humana – em oposição à lógica persecutória que no passado organizou sistemas voltados para a implacável persecução dos indesejáveis, tidos como inimigos. É precisamente aqui que podemos identificar de forma nítida a articulação entre sistema inquisitório e discurso de ódio, o que faz dessa epistemologia um resquício indesejável de autoritarismo no cenário contemporâneo. Dito de forma simples, a questão central é que a epistemologia inquisitória foi concebida para homogeneizar o corpo social, matando a diferença, enquanto o nosso cenário democrático-constitucional impõe acima de tudo, o respeito ao plural.[30] Trata-se de uma lógica inteira-

---

28 PRADO, Geraldo. *Sistema acusatório: a conformidade constitucional das leis processuais penais.* Rio de Janeiro: Lumen Juris, 2006, p. 41.

29 Para Geraldo Prado, "[...] a edificação de qualquer política-criminal em um estado democrático está condenada à incoerência normativa se for desenvolvida à margem do nível jurídico posterior e não considerar que o respeito à dignidade humana é o princípio e fundamento do sistema político democrático, único espaço comum para qualquer pacto democrático". PRADO, Geraldo. *Sistema acusatório: a conformidade constitucional das leis processuais penais.* Rio de Janeiro: Lumen Juris, 2006, p. 28.

30 Ao discutir a privilegiada relação entre direito e democracia, Prado sustenta que não é uma relação "[...] com uma democracia qualquer, fulcrada na declaração formal de respeito aos direitos fundamentais e numa vinculação passiva entre governados e governantes e sim na real democracia participativa, integradora e solidária, com inegável repercussão no plano do processo penal, de sorte que a cultura democrática aos poucos poderá ser desenvolvida pela conscientização da forma democrática da sociedade conviver". PRADO, Geraldo. *Sistema acusatório: a conformidade constitucional das leis processuais penais.* Rio de Janeiro: Lumen Juris, 2006, p. 40.

mente distinta da sensibilidade inquisidora que estruturou os sistemas de persecução ao inimigo, como o que foi delineado por Eymerich:

> [...] é preciso lembrar que a finalidade mais importante do processo e da condenação à morte não é salvar a alma do acusado, mas buscar o bem comum e intimidar o povo (*ut alii terreantur*). Ora, o bem comum deve estar acima de quaisquer outras considerações sobre a caridade visando o bem de um indivíduo.[31]

A epistemologia inquisitória conforma um campo de saber voltado para o extermínio do inimigo. Trata-se de um discurso de ódio processual sistematizado no *Directorium Inquisitorum*, de Nicolau Eymerich – escrito em 1376 – e também no *Malleus Maleficarum*, publicado em 1487.[32] É um saber que, como Carvalho afirma, "não é ingênuo nem aparente, mas real e coeso, fundado em pressupostos lógicos e coerentes, nos quais grande parte dos modelos jurídicos autoritários contemporâneos, alguns ainda em vigor, busca(ra)m inspiração".[33] O autor destaca que o modelo é trans-histórico, e tem "[...]alta funcionalidade para manutenção/legitimação de máquinas judiciárias autoritárias fundadas no signo do defensivismo".[34] É nesse sentido que

---

31 EYMERICH, Nicolau. *Manual dos inquisidores*. Rio de Janeiro: Rosa dos Tempos, 1993, p. 122.

32 Francisco de La Penã foi responsável pela revisão e ampliação do *Manual dos Inquisidores* de Eymerich, em 1578. O *Malleus Maleficarum* foi elaborado pelos inquisidores dominicanos Heinrich Kraemer e James Sprenger. Se por um lado não há dúvida quanto ao caráter oficial do *Directorium Inquisitorum*, o *Malleus Maleficarum* (martelo das bruxas) está envolto em polêmicas que vão desde a efetiva autoria conjunta de Sprenger até a sua aceitação oficial, pois embora tenha sido supostamente instaurado como manual punitivo pela Bula Papal de Inocêncio VIII, a Inquisição perseguiu Kraemer e a Bula que consta no início do livro não refere especificamente o *Malleus*, mas somente a autoridade dos autores como inquisidores. De qualquer forma, independentemente de seu caráter oficial, o texto se disseminou rapidamente e teve enorme popularidade. Para Zaffaroni, o *Malleus* apresenta alto nível de racionalização teórica, acumulando a experiência punitiva de séculos anteriores; o esforço teórico de ambos os inquisidores era dirigido à bruxaria e teve espetacular êxito editorial, com dezenas de edições. Para o autor, o livro é a obra teórica fundacional do discurso legitimador do poder punitivo e além de estabelecer a persecução das bruxas, qualifica como hereges todos os que não acreditam em sua existência. ZAFFARONI, Eugênio Raul; BATISTA, Nilo; ALAGIA, Alejandro; SLOKAR, Alejandro. *Direito penal brasileiro – I*. Rio de Janeiro: Revan, 2003, p. 510-511.

33 CARVALHO, Salo de. *Pena e garantias*. Rio de Janeiro: Lumen Juris, 2003, p. 6.

34 CARVALHO, Salo de. *Pena e garantias*. Rio de Janeiro: Lumen Juris, 2008, p. 12.

Cordero esclarece que floresce com a Inquisição uma retórica apologética cujos argumentos ressoam, como tais, em lugares e momentos distintos.[35] Para Coutinho,

> trata-se, sem dúvida, do maior engenho jurídico que o mundo conheceu; e conhece. Sem embargo de sua fonte, a Igreja, é diabólico na sua estrutura (o que demonstra estar ela, por vezes e ironicamente, povoada por agentes do inferno!), persistindo por mais de 700 anos. Não seria assim em vão: veio com uma finalidade específica e, porque serve – e continuará servindo, se não acordarmos –, mantém-se hígido.[36]

De fato, o discurso de ódio de Eymerich estrutura uma lógica de orientação punitivista do sistema penal que pode ser constatada em vários momentos históricos, garantindo a hegemonia da ambição de verdade processual. Ele conforma uma espécie de tecnologia de extermínio que é transmitida de geração a geração, correspondendo aos anseios autoritários dos mais distintos contextos históricos e geográficos. Tomemos como exemplo a argumentação do Ministro Francisco Campos, na exposição de motivos do Código de Processo Penal Brasileiro de 1941:

> As nossas vigentes leis de processo penal asseguram aos réus, ainda que colhidos em flagrante ou confundidos pela evidência das provas, um tão extenso catálogo de garantias e favores, que a repressão se torna, necessariamente, defeituosa e retardatária, decorrendo daí um indireto estímulo à criminalidade. Urge que seja abolida a injustificável primazia do interesse do indivíduo sobre o da tutela social. Não se pode continuar a contemporizar com pseudodireitos individuais em prejuízo do bem comum.[37]

O paralelo que pode ser traçado entre as duas concepções não chega a ser surpreendente, uma vez que são lógicas orientadas para o extermínio dos que são tidos como inimigos pelos poderes estabelecidos: o ódio é nitidamente um liame que as une apesar da enorme distância temporal e cultural. Entre Inquisição e Estado Novo, a correlação é mais do que perceptível. O que assusta é perceber o quanto a finalidade de intimidação do corpo social ainda permeia o imaginário jurídico, em pleno contexto democrático que a Constituição impõe ao nosso

---

35 CORDERO, Franco. *Procedimiento Penal:* Tomo I. Bogotá: Temis, 2000, p. 19.

36 COUTINHO, Jacinto Nelson de Miranda. O papel do juiz no processo penal. In: COUTINHO, Jacinto Nelson de Miranda (coord.) *Crítica à teoria geral do direito processual penal*. Rio de Janeiro: Renovar, 2001, p. 18.

37 BRASIL. *Códigos penal, processo penal e constituição federal*. São Paulo: Saraiva, 2010, p. 349.

sistema processual. A epistemologia inquisitória ainda prepondera, em nome de uma insaciável ambição de verdade que não expressa outra coisa que um desejo irrefreável de atingir a condenação, desprezando por completo o conceito de que forma é garantia, como exige o devido processo legal. O sistema inquisitório tem desprezo pela forma, ou seja, pelo meio; o que interessa é somente a patológica satisfação de sua inesgotável ambição de verdade: o processo é reduzido a uma sondagem introspectiva, na qual as formas constituem um dado secundário ou simplesmente sem importância, pois o que interessa é o resultado, seja como for obtido.[38] O sistema propõe exatamente o oposto do respeito ao diferente que se encontra em condição de vulnerabilidade: literalmente conecta ódio com verdade.

A questão é que a estrutura inquisitória não almeja propriamente a verdade, mas sim a condenação, que é obtida mediante a produção de uma verdade inteiramente fantasmagórica. Para Ferrajoli, o que caracteriza essa epistemologia é o decisionismo processual: o caráter não cognitivo, mas potestativo do juízo e da irrogação da pena.[39] Portanto, como observa Carvalho, "se a biografia das práticas penais, apesar de sua sinuosidade, tem demonstrado que *a regra do poder penal é o inquisitorialismo*, imprescindível otimizar técnicas de blindagem dos direitos fundamentais como forma de densificar práticas garantistas".[40] Não é por acaso que Alcalá-Zamora y Castillo refere à figura de um juiz-acusador: sua primeira e mais conhecida expressão é encontrada no processo penal inquisitório, no qual o juiz desempenha o papel de acusador. O autor reflete que a repulsa ao sistema inquisitório puro não decorre unicamente de certas características – como o segredo e as torturas – mas também da perigosa concentração de funções em uma única mão, mais grave ainda que as atividades conjuntas de instrução e acusação nas mãos do Ministério Público. Infelizmente, essa figura não pertence ao passado: ainda que com traços distintos dos medievais, não é nada difícil deparar-se com espécies de juiz-acusador nos tempos modernos.[41] Trata-se do julgador que se desloca de seu

---

38 CORDERO, Franco. *Procedimiento Penal:* Tomo I. Bogotá: Temis, 2000, p. 264.

39 FERRAJOLI, Luigi. *Direito e razão:* teoría do garantismo penal. São Paulo: RT, 2002, p. 36.

40 CARVALHO, Salo de. *Antimanual de criminologia.* Rio de Janeiro: Lumen Juris, 2008, p. 78. Grifos do autor.

41 ALCALÁ-ZAMORA Y CASTILLO, Niceto. *Estudios de teoria general y historia del proceso:* Tomo I. México: UNAM, 1992, p. 249-250.

local de passividade e efetivamente desenvolve atividades que são de iniciativa das partes. Nos códigos processuais hispânicos podem ser encontrados tais dispositivos dentro de textos de tendência acusatória, como por exemplo, no Código espanhol, em que está prevista a "faculdade excepcional" de buscar uma mais acertada qualificação do delito, ou de solicitar "um maior esclarecimento sobre a questão debatida".[42] Dispositivos que, diga-se de passagem, são muito semelhantes aos do Código de Processo Penal brasileiro e que são argumentativamente justificados através do recurso ao *deus ex-machina* que é o princípio da verdade real. Para Lopes Jr, tais dispositivos, como é o caso do art. 156, incisos I e II do CPP,

> [...] externam a adoção do princípio inquisitivo, que **funda um sistema inquisitório**, pois representam uma quebra da igualdade, do contraditório, da própria estrutura dialética do processo. Como decorrência, fulminam a principal garantia da jurisdição, que é a imparcialidade do julgador. Está desenhado um processo inquisitório.[43]

Não é nada surpreendente que um código inspirado na lógica persecutória do fascismo italiano e elaborado em um período autoritário da história brasileira seja fundamentalmente antidemocrático, como pode ser constatado pelas palavras de Francisco Campos na exposição de motivos:

> O juiz deixará de ser um espectador inerte da produção de provas. Sua intervenção na atividade processual é permitida, não somente para dirigir a marcha da ação penal e julgar a final, mas também para ordenar, de ofício, as provas que lhe parecerem úteis ao esclarecimento da verdade. Para a indagação desta, não estará sujeito a *preclusões*. Enquanto não estiver averiguada a matéria da acusação ou da defesa, e houver uma fonte de prova ainda não explorada, o juiz não deverá pronunciar o *in dubio pro reo* ou o *non liquet*.[44]

O anseio persecutório delineado pela lógica inquisitória proposta pelo sistema também pode ser percebido pela prerrogativa dada ao juiz para que nos crimes de ação pública possa "[...] proferir sentença condenatória, ainda que o Ministério Público tenha opinado pela ab-

---

42 ALCALÁ-ZAMORA Y CASTILLO, Niceto. *Estudios de teoria general y historia del proceso*: Tomo I. México: UNAM, 1992, p. 266-267.

43 LOPES JR, Aury. *Direito Processual Penal e sua Conformidade Constitucional*. Rio de Janeiro: Lumen Juris, 2010, p. 73. Grifos do autor.

44 BRASIL. *Códigos penal, processo penal e constituição federal*. São Paulo: Saraiva, 2010, p. 352-353.

solvição, bem como reconhecer agravantes, embora nenhuma tenha sido alegada".[45] A desconformidade dessa estrutura de pensamento com a arquitetura normativa de contenção do poder punitivo delineada pela esfera constitucional é tão clara que sequer parece merecer maior exploração. Como observa Lopes Jr., "[...] todos os dispositivos do CPP que sejam de natureza inquisitória são substancialmente inconstitucionais e devem ser rechaçados".[46] Portanto, diante da tentação do ativismo judicial, o que se deseja é um modelo acusatório democrático, condizente com o limite constitucional e que como tal, mostre-se apropriado para uma perspectiva de redução de potenciais danos.[47] Segundo Prado,

> Deve-se, pois à concepção ideológica de um processo penal democrático, a assertiva comum de que sua estrutura há de respeitar, sempre, o modelo dialético, reservando ao juiz a função de julgar, mas com a colaboração das partes, despindo-se, contudo, da iniciativa da persecução penal. A estrutura sincrônica dialética do processo penal democrático considera, pois, metaforicamente, o conceito de relação angular ou triangular e nunca de relação linear, sacramentando as linhas mestras do sistema acusatório.[48]

No entanto, apesar de suas inegáveis virtudes, a questão é que tal modelo ainda está por ser concretizado na realidade concreta, o que infelizmente maximiza os danos decorrentes de condenações equivoca-

---

45 BRASIL. *Códigos penal, processo penal e constituição federal*. São Paulo: Saraiva, 2010, p. 355.

46 LOPES JR., Aury. *Direito Processual Penal e sua Conformidade Constitucional*. Rio de Janeiro: Lumen Juris, 2010, p. 183. Como observa Lopes Jr, é o caso de dispositivos fundamentalmente inconstitucionais do CPP, como os arts. 5º, 127,156, 209, 234, 311, 383, 385, etc., que violam as regras do sistema acusatório constitucional. LOPES JR., Aury. *Direito Processual Penal e sua Conformidade Constitucional*. Rio de Janeiro: Lumen Juris, 2010, p. 184.

47 Em suma, o horizonte deve ser incisivamente contrário ao sentido concebido por Francisco Campos na exposição de motivos do CPP de 1941. Em suas palavras, "no seu texto não são reproduzidas as fórmulas tradicionais de um mal-avisado favorecimento legal aos criminosos. O processo penal é aliviado dos excessos de formalismo e joeirado de certos critérios normativos com que, sob o influxo de um mal compreendido individualismo ou de um sentimentalismo mais ou menos equívoco, se transige com a necessidade de uma rigorosa e expedita aplicação da justiça penal". BRASIL. *Códigos penal, processo penal e constituição federal*. São Paulo: Saraiva, 2010.

48 PRADO, Geraldo. *Sistema acusatório: a conformidade constitucional das leis processuais penais*. Rio de Janeiro: Lumen Juris, 2006, p. 33.

das. Afinal, a existência de um poder punitivo que se exprime através da jurisdição levará inevitavelmente, à ocorrência de tais danos, uma vez que o processo sempre será um ritual de redução da complexidade que não tem a aptidão de reproduzir de forma perfeita e inequívoca o que, de fato, ocorreu. Essa insuperável deficiência é potencializada pela busca da verdade, pois ironicamente a ambição de verdade acaba matando o contraditório e construindo um conhecimento monológico, potencialmente desastroso e movido muitas vezes pelos juízos morais do julgador: um veículo para seu próprio ódio. Precisamos acordar para essa realidade urgentemente. Como observa Prado, infelizmente

> [...] a estruturação democrática do processo penal não se impõe simplesmente de cima para baixo, ainda que parta da Constituição, pelo menos não sem que se vençam fortes adversários culturais, credores inabaláveis na verdade real, absoluta, conquistável através de um procedimento penal de defesa social, como o inquisitório [...].[49]

Eis nosso grande desafio: romper com a hegemonia do discurso de ódio e da ambição de verdade no processo penal. Não apenas porque a questão tenha relevância acadêmica, mas pelo fato de que a conformidade com esse critério efetivamente conduz a perspectivas muito distintas para os direitos fundamentais do acusado e para o desenrolar da atividade cognitiva. Para Goldschmidt, a finalidade do procedimento penal é a averiguação da verdade – de forma receptiva – e a verificação da justiça.[50] Mas segundo ele, existem dois caminhos distintos para atingir este fim: o inquisitório e o acusatório. Na configuração acusatória, o juiz encarregado da jurisdição penal se limita às solicitações interpostas e ao material produzido pelas partes. Dessa forma, o processo penal torna-se uma disputa entre partes, que considera que o melhor meio para averiguar a verdade e verificar a justiça é deixar a invocação do juiz e o recolhimento do material processual a quem persegue interesses opostos e sustenta opiniões divergentes, dispensando o juiz dessa tarefa e garantindo assim sua imparcialidade; trata-se de

---

49 PRADO, Geraldo. *Sistema acusatório: a conformidade constitucional das leis processuais penais.* Rio de Janeiro: Lumen Juris, 2006, p. 37.

50 O que indica que até mesmo Goldschmidt precisa ser superado neste aspecto, pois apesar de toda riqueza de sua concepção processual, ele ainda confere à verdade um lugar canônico, tornando o processo passível de sucumbir à patologia da ambição de verdade. Ver KHALED JR, Salah H. *A Busca da verdade no processo penal:* para além da ambição inquisitorial. São Paulo: Atlas, 2013.

um sistema respeitoso da dignidade do acusado enquanto cidadão.[51] Goldschmidt considera inquisitório com forma acusatória o processo que permite que o juiz atue independentemente para averiguar e investigar os fatos.[52] Para Ferrajoli, é inadmissível que ao juiz sejam atribuídas funções postulantes, como a iniciativa probatória e o desenvolvimento da investigação com o auxílio da acusação; isso caracteriza o sistema misto e não o acusatório.[53] Segundo Giacomolli, "o princípio acusatório faz parte das garantias básicas do processo penal e implica, essencialmente, segundo Pico y Junoy, a existência de uma contenda processual entre duas partes contrapostas – acusador e acusado –, a ser resolvida por um terceiro imparcial, com uma clara distinção das funções processuais fundamentais".[54] O autor destaca que em um sistema acusatório, "a iniciativa probatória pertence às partes e o juiz, enquanto tal, é um terceiro imparcial, motivo por que não é sua função a proposição de meios de prova, nem de forma subsidiária [...]".[55]

---

51 GOLDSCHMIDT, James. Problemas jurídicos y políticos del proceso penal. In: GOLDSCHMIDT, James. *Derecho, derecho penal y proceso I:* problemas fundamentales del derecho. Madrid: Marcial Pons, 2010, p. 780.

52 GOLDSCHMIDT, James. Problemas jurídicos y políticos del proceso penal. In: GOLDSCHMIDT, James. *Derecho, derecho penal y proceso I:* problemas fundamentales del derecho. Madrid: Marcial Pons, 2010, p. 780.

53 FERRAJOLI, Luigi. *Direito e razão:* teoria do garantismo penal. São Paulo: RT, 2002, p. 488. O problema é que embora Ferrajoli não admita essa leitura, acaba mostrando-se incapaz de superar a arquitetura fundante do modelo de verdade correspondente, não potencializando a ruptura com o discurso hegemônico, que acaba sendo preservado sob a forma relativa ou aproximativa. O próprio autor emprega em alguns momentos o termo busca da verdade. Ver FERRAJOLI, Luigi. *Direito e razão:* teoria do garantismo penal. São Paulo: RT, 2002, p. 50-51 e KHALED JR., Salah H. *A Busca da verdade no processo penal:* para além da ambição inquisitorial. São Paulo: Atlas, 2013.

54 GIACOMOLLI, Nereu José. Atividade do juiz criminal frente à constituição: deveres e limites em face do princípio acusatório. In: GAUER, Ruth Maria Chittó (coord.) Sistema Penal e Violência. Rio de Janeiro: Lumen Juris, 2006, p. 219

55 GIACOMOLLI, Nereu José. Atividade do juiz criminal frente à constituição: deveres e limites em face do princípio acusatório. In: GAUER, Ruth Maria Chittó (coord.) *Sistema Penal e Violência.* Rio de Janeiro: Lumen Juris, 2006, p. 224. De acordo com Giacomolli, "Ao afirmar-se a pretensão acusatória em juízo, exercita-se a ação penal, originando um típico processo de partes. Ao terceiro imparcial se veda o exercício da ação penal e a prática de atos processuais próprios da parte acusadora. O sujeito que acusa não pode julgar e ao sujeito que julga não se permite que acuse direta ou indiretamente (proposição de meios de prova), sob pena de transformar o juiz

Para Bachmaier-Winter, um processo em que a mesma pessoa assume a investigação do fato delitivo, coleta as provas e as valora para emitir a sentença viola claramente o princípio da imparcialidade.[56] Segundo Prado, "[...] se na estrutura inquisitória o juiz 'acusa', na acusatória a existência de parte autônoma, encarregada da tarefa de acusar, funciona para deslocar o juiz do centro do processo, cuidando de preservar a nota de imparcialidade que deve marcar a sua atuação".[57] Como aponta o autor, "quem procura sabe ao certo o que pretende encontrar e isso, em termos de processo penal condenatório, representa uma inclinação ou tendência perigosamente comprometedora da imparcialidade do julgador".[58] Como observa Ferrajoli, ao sistema acusatório convém um juiz espectador, dedicado acima de tudo à valoração objetiva e imparcial dos fatos, e, portanto, mais prudente do que sapiente, enquanto o rito inquisitório exige um juiz ator, representante do interesse punitivo e por isso leguleio, versado nos procedimentos e dotado de capacidade investigativa".[59] Lopes Jr. destaca que

> É elementar que atribuir poderes investigatórios ao juiz é violar de morte a garantia da imparcialidade sobre a qual se estrutura o processo penal e o sistema acusatório, e ainda, não existe qualquer possibilidade "de bom uso" de tais poderes, pois eles somente serão invocados pelos inquisidores de plantão, de quem da bondade sempre há que se duvidar.[60]

---

em inquisidor, com a supressão da essência de terceiro imparcial, garantidor do *status libertatis"*. GIACOMOLLI, Nereu José. Atividade do juiz criminal frente à constituição: deveres e limites em face do princípio acusatório. In: GAUER, Ruth Maria Chittó (coord.) *Sistema Penal e Violência*. Rio de Janeiro: Lumen Juris, 2006, p. 227.

56 BACHMAIER WINTER, Lorena. Acusatorio *versus* inquisitivo. Reflexiones acerca del proceso penal. In: BACHMAIER WINTER, Lorena (Org.) *Proceso penal y sistemas acusatorios*. Madrid: Marcial Pons, p. 22.

57 PRADO, Geraldo. *Sistema acusatório: a conformidade constitucional das leis processuais penais*. Rio de Janeiro: Lumen Juris, 2006, p. 106.

58 PRADO, Geraldo. *Sistema acusatório: a conformidade constitucional das leis processuais penais*. Rio de Janeiro: Lumen Juris, 2006, p. 137.

59 FERRAJOLI, Luigi. *Direito e razão:* teoria do garantismo penal. São Paulo: RT, 2002, p. 461.

60 LOPES JR, Aury. *Direito Processual Penal e sua Conformidade Constitucional*. Rio de Janeiro: Lumen Juris, 2010, p. 508.

Por isso Lopes Jr. sustenta que "[...] pensar sistema acusatório desconectado do princípio da imparcialidade e do contraditório, é incorrer em grave reducionismo".[61] A imparcialidade não é uma qualidade pessoal do juiz, mas uma qualidade do sistema acusatório, comprometida no decisionismo inquisitório.[62] De fato, não são poucos os autores que consideram que os poderes instrutórios do juiz devem ser complementares; no entanto, não consigo vislumbrar caso em que essa atividade não seja potencialmente danosa para o acusado, motivo pelo qual a considero em flagrante descompasso com a exigência de democraticidade e manifestamente violadora do princípio dispositivo, típico de sistemas acusatórios; afinal, tal atividade desconsidera completamente o *in dubio pro reo*, uma vez que na dúvida o juiz parte em busca de provas, que obviamente só podem ter a finalidade de obter a condenação a qualquer custo. Em uma estrutura regrada de contenção do poder punitivo, a dúvida deve gerar absolvição, o que expressa o próprio sentido do princípio do *in dubio pro reo*.

Tudo que foi dito até agora se alinha perfeitamente à exigência de democraticidade levantada por Cunha Martins; desse modo, firmo posição condizente com essa exigência e considero que a quebra da gestão da prova pelas partes configura flagrante deformação da imparcialidade exigível ao juiz em uma estrutura que deve estar submetida à democraticidade, conformando uma atuação inquisitória do magistrado, que é por excelência antidemocrática e potencialmente fundada em espaços subjetivos de discricionariedade que devem ser coibidos no processo penal, já que remetem ao discurso de ódio de Eymerich. Como aponta Lopes Jr., continua a sustentar-se "[...] um verdadeiro processo penal do inimigo, que nega o réu como sujeito processual e, por conseguinte, todos os seus direitos e garantias fundamentais".[63]

Em última análise, é preciso fazer uma clara opção entre um processo acusatório e democrático, fundado na dignidade da pessoa humana – e, logo, na presunção de inocência – e um processo de inspiração

---

61 LOPES JR, Aury. *Direito Processual Penal e sua Conformidade Constitucional*. Rio de Janeiro: Lumen Juris, 2010, p. 70.

62 LOPES JR, Aury. *Direito Processual Penal e sua Conformidade Constitucional*. Rio de Janeiro: Lumen Juris, 2010, p. 183.

63 LOPES JR, Aury. *Direito Processual Penal e sua Conformidade Constitucional*. Rio de Janeiro: Lumen Juris, 2010, p. 506-507.

inquisitória, fundado na lógica de persecução ao inimigo e movido pelo ódio que é seu legado autoritário. Em um processo, o juiz ingressa predisposto a absolver, ciente de que a posição que lhe cabe é receptiva e que é a acusação que deve derrubar a presunção de inocência; em outro processo, o juiz entra movido por insaciável ambição de verdade e pratica ato de parte, o que só pode expressar um irrefreável desejo de condenação. Afinal, qual o processo que queremos?

2.
A TENTAÇÃO AUTORITÁRIA

Millor Fernandes afirmou que o Brasil tem um enorme passado pela frente. O que eu refiro como tentação autoritária se confunde com a própria história republicana do país. Há uma disposição, por parte das elites, para renunciar a participação no poder político se preciso for, desde que isso garanta a manutenção reiterada de uma hierarquia excludente. O arcaísmo é um projeto de longa duração, que subsiste desde os tempos coloniais. Em países com índices mais elevados de cidadania, o passado parece algo muito distante. No Brasil não. Nossa realidade autoritária não cansa de demonstrar que por mais que as coisas mudem, elas permanecem sempre as mesmas. Ainda convivemos com níveis de autoritarismo que deixariam orgulhosos nossos antepassados, que para cá trouxeram morte e destruição, no esforço conhecido como colonização.

O país não foi descoberto ou achado pelos portugueses. Apesar da retórica missionária e civilizatória de cristianização, foi simplesmente inventado para dar lucro: uma feitoria ultramarina de extração de riquezas naturais e produção de gêneros tropicais para exportação, possibilitada pela escravização e extermínio de sua população nativa. Como isso não bastou para satisfazer os anseios da Coroa Portuguesa, um comércio triangular foi instalado, com a introdução de uma população inteira na dinâmica de funcionamento de um moinho de gastar gente sem igual. Condenados a produzir o que não poderiam jamais consumir e gastos como se combustível fossem, como disse Darcy Ribeiro, a nação foi construída com suor e sangue de carne negra.[64]

Não é possível compreender o Brasil sem levar em conta a escravidão e o que ela ainda representa. Circule pelas ruas do Rio de Janeiro e você encontrará a frase "vende-se carne negra" pichada nas ruas da ci-

---

64 Para uma visão mais aprofundada, ver KHALED JR, Salah H. Ordem e progresso: a invenção do Brasil e a gênese do autoritarismo nosso de cada dia. Rio de Janeiro: Lumen Juris, 2018.

dade. Ela é acompanhada de um número de telefone. Da polícia. Uma crítica social aguda e certeira.

Nosso sistema penal é uma máquina de moer carne negra. Ele foi inventado logo após a República para desempenhar essa finalidade. E tem feito isso com enorme sucesso por mais de um século. A seletividade do sistema penal reitera a barbárie da escravidão diariamente. Nenhum país atravessaria quatro séculos de escravidão e sairia impune após ter contribuído para a reinvenção de uma barbárie extinta há milhares de anos e muito menos após ter sido o último lugar do mundo a acabar com ela. O imaginário do país ainda é predominantemente marcado pela escravidão e hierarquização social e o sistema político, não raro, foi acionado para garantir que a verticalização continuasse a predominar. Como veremos, tentativas recentes de horizontalização resultaram em uma torrente de ódio sem precedentes, que em muito contribuiu para a ruína da República e a derrocada da democracia.

Nossa história política está repleta de "soluções de continuidade" que foram concebidas para garantir que a travessia fosse segura e os privilégios fossem mantidos. É raro encontrar um caso tão esdrúxulo quanto o da Independência do Brasil. Enquanto a América Espanhola se fragmentou em diferentes repúblicas, a América Portuguesa conseguiu uma grande proeza: adquiriu uma unidade que jamais teve como colônia. E fez isso adotando a forma monárquica para garantir a manutenção de uma hierarquia excludente, fundando um imaginário autoritário que se perpetuou geração após geração, ultrapassando o ocaso do próprio Império.

Mas não é somente no passado colonial e na experiência imperial que aperfeiçoamos nossa feição autoritária. A aventura republicana reafirmou a vocação para a repressão, duramente exercida durante toda a República Velha contra a população. Desterro, Canudos e Contestado são alguns dos episódios que retratam o espírito autoritário do período. Nas primeiras décadas da República, medidas severas foram adotadas para garantir que a população negra fosse mantida sob controle, tarefa que foi desempenhada pela autoridade policial. Ideologias repressivas foram adaptadas para o contexto brasileiro justamente com essa finalidade, como foi o caso da "tradução" de Lombroso por Nina Rodrigues. Com ele, o homem delinquente passou a ser facilmente identificável, fundando um estoque de imagens estereotípicas da criminalidade que ainda é dominante em parcela significativa do aparato de segurança pública.

Com a Revolução de 30, o Brasil conheceu uma breve experiência democrática, que logo conduziu ao Estado Novo de Vargas, cujo comprometimento com o adestramento da população civil e a exploração ordeira da força de trabalho exigiu combate ferrenho contra os inimigos políticos de ocasião. É neste regime que foi promulgado em 1941 um Código de Processo Penal de colorido fascista, que permanece em vigor até hoje, apesar de ter sido concebido para consolidar a política criminal autoritária de Vargas.

Não é difícil constatar que a Ditadura Civil-Militar não foi exatamente uma anomalia na trajetória do país. Pelo contrário. Os anos de chumbo são perfeitamente condizentes com uma história inteira de entrega a tentações autoritárias. Foram anos cinzentos de imposição de ordem e autoritarismo. Só quem efetivamente viveu no Brasil da época pode realmente compreender o que os historiadores tratam como objeto de estudo. Embora a expressão normalmente seja utilizada em referência ao período mais sombrio da Ditadura Civil-Militar (de 1968 a 1974, para ser mais preciso) ela define muito bem o que foi o regime. Concebido para suprimir a liberdade e erradicar a diferença, foi responsável por aniquilar durante vinte e um longos anos os anseios de justiça dos brasileiros.

Por mais desagradável que seja revisitar um capítulo tão sombrio da história do país, não é sem razão que este será o percurso, pois nenhum período ilustra tão bem a tese sobre a tentação autoritária que aqui será esboçada. Como escreveu Walter Benjamin, o passado pode ser iluminado pela luz dos combates que são travados hoje, pela luz do sol que se levanta no céu da história: dessa forma, o presente ilumina o passado e o passado iluminado torna-se uma força no presente. Mas articular o passado historicamente não significa conhecê-lo tal como ele propriamente foi. Significa apoderar-se de uma lembrança tal como ela lampeja num instante de perigo.[65] O leitor certamente compreenderá o sentido dessas palavras.

13 de março de 1964. O presidente João Goulart discursa diante de duzentas mil pessoas no comício da Central do Brasil, propondo reforma agrária por meio do decreto da SUPRA, que previa hipóteses de desapropriação. "Só conquistaremos a paz social pela justiça social", disse ele. Eram palavras ousadas, cuidadosamente escolhidas para in-

---

65 BENJAMIN, Walter. Sobre o conceito de história. In: Magia e técnica, arte e política: ensaios sobre literatura e história da cultura. São Paulo: Brasiliense, 1994.

cendiar o público ouvinte. Mas era o início do fim de mais uma malfada experiência democrática no Brasil. Seriam necessárias décadas até que esse tipo de questão retornasse à pauta do país.

Outros pontos da fala de Jango mereceriam igual atenção. Mas essa frase captura muito bem seu espírito e é mais do que suficiente para os propósitos que aqui interessam. O discurso foi construído com uma clara intenção: sensibilizar as massas. Era uma estratégia desesperada e ambiciosa, empreendida por um governo fraco e questionado por todos, em um momento de grande instabilidade do país. Não há nenhuma dúvida de que a maior parte dos brasileiros precisava desesperadamente de justiça social naquele contexto histórico. Mas o preço da ousadia foi muito mais elevado do que era possível imaginar.

Incapaz de fazer com que as reformas de base avançassem no Congresso, João Goulart resolveu recorrer a um estratagema arriscado, diante do clima de polarização política que tomava conta do país: buscar apoio diretamente nas massas e governar por decreto. A renúncia de Jânio Quadros em 1961 havia levado o Brasil a um quadro de instabilidade aparentemente insuperável. Para que Jango assumisse, foi necessário que o governador do Rio Grande do Sul, Leonel Brizola, mobilizasse as forças do III Exército, sob o comando do General Machado Lopes, no movimento que ficou conhecido como Campanha da Legalidade. A breve experiência parlamentarista que se seguiu fracassou em 1963 e a população escolheu o presidencialismo como sistema de governo em plebiscito, o que equivalia a dar o comando do país a João Goulart. Mas seu governo foi constantemente rendido inoperante pelos adversários políticos. A direita o rejeitava abertamente e o flerte com a esquerda só aumentava as reservas dos setores mais conservadores.

O plano era audacioso: o conjunto de medidas propostas por seu governo compreendia reforma agrária, educacional, fiscal, eleitoral, urbana e bancária. O pacote era suficientemente assustador por si só para setores conservadores da sociedade brasileira. Mas o comício da Central do Brasil fez com que os ânimos se tornassem ainda mais acirrados: imagens repletas de bandeiras pedindo a legalização do Partido Comunista e a realização imediata de uma reforma agrária provocaram reações fortes nos telespectadores.

A Guerra Fria era uma realidade inescapável para praticamente todos os habitantes do globo, que dela participavam indiretamente através dos meios de comunicação. A Revolução Cubana e a Crise dos Mísseis faziam parte significativa da memória recente. Era praticamente impossível encontrar alguém que fosse neutro neste debate e no Brasil não era diferente. Não há dúvida de que os brasileiros viviam de forma intensa e apaixonada a experiência política de seu tempo. A ameaça comunista no Brasil podia ser uma fantasia, mas o medo era real, apesar de ter sido abertamente estimulado por setores da direita e pela imprensa. Uma vez plantada a semente do medo, ele podia ser manipulado por quem fosse hábil o suficiente para fazê-lo. Com o empurrão certo, ele facilmente poderia ser transformado em ódio. E assim o foi.

Os níveis de indignação moral com o que era percebido como flerte aberto com o comunismo atingiram níveis estratosféricos após o comício. O terreno era suficientemente fértil para que uma onda de pânico moral se esparramasse pelo tecido social, com resultados verdadeiramente desastrosos para as pretensões de Jango. Por mais que existisse uma disposição para retirá-lo de cena, o fato é que ele inadvertidamente contribuiu de forma decisiva para a ruptura da ordem democrática. O curso de ação escolhido foi extremamente temerário. O antagonismo crescia cada vez mais no país e um confronto parecia inevitável, embora não fosse possível prever o preço a ser pago pela falha em explorar possíveis opções de conciliação dos diferentes interesses em jogo.

A esquerda tinha pouco apreço pela democracia formal, que de muitos modos representava um entrave para reformas mais profundas. Para a direita, o pragmatismo sempre pesou de modo pronunciado: o que interessava era a manutenção de seus privilégios. O governo de João Goulart era visto com reservas pelos dois lados do espectro político, o que o deixava em situação de grande fragilidade. As questões não resolvidas com a Campanha da Legalidade e o fracasso da experiência parlamentarista colocavam o país diante de um acerto de contas que parecia inevitável.

Embora não existisse nada de efetivamente concreto nos temores irracionais sobre a ameaça comunista, muitos interesses haviam sido contrariados por medidas como a limitação da remessa de lucros ao exterior, a extensão de direitos trabalhistas a trabalhadores rurais e outras iniciativas adotadas ou anunciadas. Os projetos para o país eram aparentemente irreconciliáveis e nenhum dos lados parecia disposto a contemporizar em busca de soluções de consenso. Esquerda e direita convergiam para um confronto aberto, no qual um dos lados necessariamente teria suas pretensões engolidas pela história. O governo João Goulart tinha o infortúnio de estar em pleno fogo cruzado: era o ponto de encontro de duas forças destinadas a colidir e somente uma delas sairia vitoriosa.

A resposta ao comício da Central do Brasil não tardou. Em 19 de março de 1964, cerca de 500 mil pessoas tomaram as ruas de São Paulo na Marcha da Família com Deus pela Liberdade. O movimento foi organizado pelo deputado federal Antônio Silva Cunha Bueno e impulsionado por setores conservadores da Igreja. A primeira marcha foi a mais significativa, mas marchas semelhantes ocorreram em diversos pontos do país. Elas deram verniz de legitimidade ao que viria a ser o apagar das luzes da Quarta República Brasileira, que compreendeu o período entre 1946 e 1964.

De fato, não se pode dizer que o golpe tenha sido exclusivamente militar. Embora o episódio de quebra de hierarquia possa ter contribuído de forma decisiva, houve ampla adesão popular e, como se sabe, a Operação Brother Sam garantiu suporte internacional para a iniciativa, consolidada em primeiro de abril de 1964, sem nenhuma resistência armada ou derramamento de sangue.

A experiência democrática brasileira era novamente abortada. Dezoito anos de democracia não foram mais do que um hiato entre o Estado Novo de Vargas e o início dos anos de chumbo. O golpe estava dado: as elites brasileiras aceitaram de bom grado abrir mão do exercício do poder político, deixando para os militares o triste papel de garantia de manutenção de seus privilégios, em um arranjo que lhes era mutuamente benéfico. Para tais setores também pareceu aceitável que o Brasil permanecesse um simples coadjuvante, subserviente ao capital internacional. A reafirmação de uma hierarquia excludente era muito mais importante do que qualquer outra consideração. Livrar o país da corrupção e do comunismo e "restaurar a democracia" eram meros pretextos.

A Ditadura Civil-Militar cumpriu o papel que se esperava dela: abortou o avanço da cidadania e restringiu drasticamente os direitos políticos da população. Com isso, o Brasil reafirmou sua vocação autoritária, ingressando em um dos períodos mais tenebrosos da sua história. Foram necessários vinte e um anos para que o país respirasse ares democráticos novamente, pagando um preço muito alto pela abertura lenta e gradual imposta pelos militares: foi necessário suportar a Lei de Anistia e uma eleição indireta, que frustrou as expectativas de milhões de brasileiros que lutaram nas ruas por "Diretas Já".

A Ditadura Civil-Militar deixou feridas profundas na sociedade brasileira, que ainda não cicatrizaram. Centenas de pessoas desapareceram. Outros brasileiros tiveram melhor sorte: foram simplesmente exilados. A tortura foi empregada de forma massiva por agentes de Estado. O país foi amordaçado por Atos Institucionais, que restringiram de forma severa direitos políticos e civis. A liberdade de imprensa foi praticamente abolida. O país conviveu com níveis de censura extremamente elevados, típicos de regimes totalitários. A representatividade foi limitada de forma dramática. Apesar de ter preservado verniz democrático e jamais ter assumido integralmente sua faceta autoritária, não há dúvida de que o país viveu um verdadeiro regime de terror durante boa parte daqueles anos. Não é por acaso que a expressão "terrorismo de Estado" é utilizada para designar as táticas empregadas para combater os "inimigos", taxados de subversivos. Foram vinte e um anos terríveis e repletos de cerceamento de liberdades.

De certo modo, o Brasil deu as costas para o período: o acerto de contas nunca veio. Os esforços para constituir uma justiça de transição no país avançaram timidamente em comparação com outros países da América Latina, principalmente no que diz respeito à responsabilização pelo cometimento de violações de direitos humanos por agentes do Estado.

Mas nem todo sofrimento foi em vão. Apesar de a Nova República iniciar com ares de mofo devido à morte de Tancredo Neves e ao histórico político do presidente Jose Sarney, o início dos trabalhos da Assembleia Constituinte, em 1º de fevereiro de 1987, representou o pontapé inicial do que poderia vir a ser um novo Brasil. A redemocratização surgia como luz no fim do túnel e a República estava prestes a ser refundada.

Infelizmente, o tempo se encarregaria de mostrar que não seria tão simples dar um *reboot* no país. Circunstâncias muito semelhantes às de 1964 conspirariam para que os brasileiros novamente tomassem as ruas, 52 anos depois. Literalmente milhões de pessoas participaram de manifestações pedindo o impeachment de Dilma Rousseff e, em muitos casos, uma intervenção militar constitucional (que a Constituição não prevê, por sinal).

Não são poucas as semelhanças, como veremos oportunamente. É equivocado pensar que a história se repete, ou que um conjunto de lições sobre o passado pode ser um guia para o presente. Também é equivocado supor que a história julga alguém, como uma estranha metáfora parece ameaçar. Mas ela pode auxiliar a compreender de forma mais qualificada certas questões e com isso, tornar-se uma força argumentativa em um presente que desesperadamente necessita de uma boa dose de razão e equilíbrio.

No final da década de oitenta, a Ditadura Civil-Militar parecia cada vez mais distante, mas o seu legado continuava a espalhar destruição. O Brasil encontrava-se em situação muito difícil: nada parecia deter o avanço da inflação e os desafios eram imensos. O país convivia com níveis alarmantes de miséria e a tão sonhada justiça social parecia absolutamente distante do horizonte de expectativa da imensa maioria dos brasileiros. O governo Sarney parecia fadado ao fracasso e a Nova República estava frustrando as expectativas de todos os setores da sociedade.

Mas também havia motivos para acreditar em um futuro melhor. Cerca de um ano e meio após terem sido iniciados os trabalhos, a Constituição Cidadã finalmente entrou em cena, em 5 de outubro de 1988.

Não há como subestimar o que representou aquele momento. Após décadas de luta, a redemocratização do país finalmente havia sido alcançada. Uma nova era começava. O desafio a partir de então seria a efetivação dos direitos fundamentais estabelecidos na Constituição e a consolidação do Estado Democrático Brasileiro. Diga-se de passagem, um desafio no qual sucessivas gerações haviam fracassado, desde 1889, quando iniciou a era republicana no país.

A Constituição representava um necessário sopro de esperança para um país que jamais havia conseguido consolidar uma democracia minimamente estável. Apesar do número exagerado de dispositivos para uma carta magna, ela rapidamente foi saudada como uma das mais progressistas do mundo.

A República estava refundada e as bases não podiam ser mais democráticas. Não exagero quando digo que a Constituição de 1988 é provavelmente o mais importante documento produzido na jovem história republicana do país. Ela explicitamente institui como objetivos da recém (re)fundada República a construção de uma sociedade livre, justa e solidária; a garantia do desenvolvimento nacional; a erradicação da pobreza e marginalização e a redução das desigualdades sociais e regionais; a promoção do bem de todos, sem preconceitos de origem, raça, sexo, cor, idade e quaisquer outras formas de discriminação (Art. 3°, CF/88).

Não é dizer pouco. É simplesmente para o cumprimento de tais objetivos que a República *existe*. Ela é fundada para alcançar essas metas. Nem mesmo o mais grosseiro dos intérpretes é capaz de negar o comprometimento explícito do texto constitucional com ideais de justiça social. Seu art. 5° consagra um invejável catálogo de direitos fundamentais e estabelece uma série de garantias contra o exercício arbitrário do poder, estruturando um inatacável espaço de liberdade do cidadão.

Embora possa soar paradoxal, de certo modo foi necessária uma ditadura brutal para que tivéssemos uma constituição comprometida com liberdades democráticas: ela consolidou duas décadas de expectativas e aspirações de cidadania, representando uma chance significativa de ruptura com o passado autoritário do país, que, como observado. é muito mais abrangente do que os vinte e um anos da Ditadura Civil-Militar.

Infelizmente, suas promessas não foram cumpridas. O futuro parecia sorrir para o Brasil, mas mais de trinta anos depois o passado ainda nos aprisiona, de forma aparentemente inescapável. Como podemos ter avançado tão pouco, quando tudo parecia tão promissor? Como acabamos retrocedendo de forma tão dramática, após termos consolidado o que parecia irrealizável, ou seja, uma democracia minimamente estável no país?

3.
A RACIONALIDADE BINÁRIA

A tradição inquisitória e a tentação autoritária não teriam sido suficientes para produzir a ruína da República e a derrocada da democracia, sem um terceiro elemento que funcionou como lastro de coesão e adesão. Foi por meio de discurso de ódio que a racionalidade binária foi instalada no país, o que provocou empobrecimento massivo da subjetividade e adesão ao projeto inquisitorial movido por anseios autoritários. O emprego de discurso de ódio caracteriza o que defino como degeneração moral e intelectual da direita brasileira.

Antes de prosseguir, é importante estabelecer os termos do debate. A grosseira simplificação da realidade operada nos últimos anos exige um acordo semântico sobre o significado das palavras "esquerda" e "direita" antes que seja possível prosseguir. No Brasil, "esquerda" passou a significar "comunismo" – o que seria coisa de "esquerdopatas", dispostos a fazer do país uma "nova Venezuela".

Eu me identifico com pautas que são típicas da esquerda e que estão consolidadas na Constituição. Mas por "esquerda" me refiro a um campo muito mais abrangente de forças políticas e intelectuais, que inclui uma ampla gama de pensadores socialistas e anarquistas, como também a própria ideia de social-democracia e os liberais, cujo comprometimento com a justiça social é visível em um autor como John Rawls, por exemplo.

Na história recente do Brasil, reacionários criaram uma versão grosseira de "liberalismo" que supostamente conjugaria Estado mínimo e crença no mercado com conservadorismo nos costumes, mas que, na realidade, conforma uma espécie de extrema-direita tomada um ódio irrefreável contra pautas de expansão da cidadania e comprometida com a difusão de um discurso de ódio que provocou uma cisão subjetiva sem precedentes no país, por meio da racionalidade binária.

Mas nem sempre foi esse o retrato da direita brasileira.

É no mínimo estranho que alguém declare que sente saudades de seus adversários políticos, ou pelo menos, de uma versão intelectualmente mais qualificada deles. Estou ciente disso. A eventual perplexidade do leitor é inteiramente compreensível: por que escrever um texto que enaltece as eventuais qualidades de pessoas que se encontram no lado oposto do espectro político do autor?

Em certo sentido, é decididamente paradoxal: muitos considerariam que a erosão intelectual dos opositores de algum modo seria até mesmo desejável estrategicamente. Mas infelizmente, é justamente o contrário que ocorre: a vulgarização – e até mesmo a falta de sentido – do que passa por discurso de direita nos últimos anos ocorre de forma concomitante ao fenômeno de desinformação em larga escala que é deliberadamente produzido pelos disseminadores dessa forma precária de ideologia.

Não que a difusão do ódio seja exatamente uma novidade em terra brasilis. Ela é verdadeiramente genética e constitutiva da invenção que é o próprio Brasil, como discuti no capítulo anterior.[66] Mas o ódio jamais foi sustentado – ou ostentado – com tamanho orgulho – como verdadeiro estandarte poderia se dizer – por uma pseudointelectualidade canalha tão massivamente consumida.

É nesse sentido que falo em saudade: contra um pensamento politicamente coerente e qualificado pelo domínio da literatura que conforma sua tradição, é possível e desejável o debate. Ele é da essência da própria política. Mas como debater com quem veicula discurso de ódio? Como confrontar o que é vendido como expressão da verdade e aceito e incorporado como tal por uma plateia que não percebe o processo de sujeição simbólica a que é submetida? Como conversar com essa espécie tão deplorável e vulgar de fascista?[67]

A degeneração moral (e intelectual!) da direita brasileira é a morte do debate possível. E isso certamente é motivo para lástima. Por incrível que pareça, o sentimento é suficiente forte para causar uma sensação de nostalgia por outros tempos, sejam eles distantes ou relativamente recentes. Não que com isso exista qualquer intenção de manifestar um malfadado lamento pela Ditadura Civil-Militar e seus filhotes. Não tenho a menor intenção de revitalizar moralmente qual-

---

66 Ver KHALED JR, Salah H. *Ordem e progresso*: a invenção do Brasil e a gênese do autoritarismo nosso de cada dia. 3ª edição. Rio de Janeiro: Lumen Juris, 2018.

67 TIBURI, Marcia. *Como conversar com um fascista*: reflexões sobre o cotidiano autoritário brasileiro. Rio de Janeiro: Record, 2015.

quer regime autoritário. A saudade aqui exposta é de outra ordem: é o sentimento de quem conseguia reconhecer no adversário um nível de dignidade e envergadura intelectual que ao menos possibilitava o diálogo, ainda que a concordância fosse uma promessa irrealizável em função da enorme distância.

É precisamente por esse sentimento que fui movido a elaborar este capítulo. É quase um lamento, uma forma de honrar aqueles que já morreram e, simultaneamente, manifestar desgosto para com seus autoproclamados sucessores. Não que com isso exista qualquer manifestação de admiração ou louvor a tais figuras de outrora.

Seria inviável desenvolver uma história das ideias que satisfatoriamente contemplasse a trajetória de recepção do liberalismo no Brasil, pelo menos em um texto tão pequeno. Desde os primórdios da existência do país como nação independente sempre houve uma intenção de adaptação do liberalismo e da própria ideia de democracia aos trópicos.[68] E essa adaptação sempre foi utilitária: sempre visou recep-

---

68 Relembrando o capítulo anterior: Sérgio Buarque de Holanda cunhou uma frase que se tornou famosa: "a democracia no Brasil sempre foi um lamentável mal-entendido". Como ele apontou, ela foi importada por uma aristocracia rural e semifeudal que tratou de acomodá-la aos seus direitos e privilégios. Desse modo, alguns lemas que pareciam os mais acertados para a época e eram exaltados nos livros e discursos foram incorporados à situação tradicional, ainda que como fachada ou decoração externa. HOLANDA, Sérgio Buarque de. *Raízes do Brasil*. São Paulo: Companhia das Letras, 1995, p. 160. De qualquer modo, logo após a Independência, a recepção do liberalismo era suficientemente intensa para que D. Pedro abortasse os trabalhos da Assembleia Constituinte, outorgando uma constituição sui generis em 1824. A decomposição dos elementos do texto outorgado por D. Pedro I pode oferecer algumas perspectivas interessantes sobre o país, o que de certa forma já se evidencia pela adoção do voto censitário, cujo sentido consistia na garantia de continuidade de uma hierarquia excludente. A independência devia representar apenas um rompimento com Portugal: de modo algum podia expressar uma oportunidade de rearranjo social. Mas mesmo assim, o texto não deixa de ser surpreendente: jurídica e ideologicamente, a Constituição de 1824 é um verdadeiro amálgama disforme de ideais liberais e absolutistas, como os trechos a seguir claramente indicam: [...] Constituição Política do Império, oferecida e jurada por Sua Majestade o Imperador Dom Pedro Primeiro, por graça de Deus e unânime aclamação dos povos [...] Art. 1º – O Império do Brasil é a associação política de todos os cidadãos brasileiros [...] Art. 98 – O poder moderador é a chave de toda a organização política [...] Art. 99 – A pessoa do imperador é inviolável e sagrada: ele não está sujeito a autoridade alguma [...] Art. 179. [...] Nenhum cidadão pode ser obrigado a fazer ou deixar de fazer alguma coisa, senão em virtude da lei [...] a lei será igual para todos, quer pro-

cionar o que era "compatível" com uma anatomia política verticalizada – resultado da opção pela manutenção da Monarquia – com uma sociedade manifestamente excludente, que manteve a escravidão durante praticamente todo o século XIX e fez da própria abolição um processo violento de sujeição do diferente, que somente começa a ser colocado em questão de forma incisiva recentemente.

No entanto, mesmo aquelas elites de outrora tinham uma noção – ainda que evidentemente insuficiente – de alteridade e do esforço que era necessário para preservar a integridade territorial do Brasil recém independente. O depoimento de José Bonifácio de Andrada e Silva é significativo: "[...]é da maior necessidade ir acabando com tanta heterogeneidade física e civil; cuidemos pois desde já em combinar sabiamente tantos elementos discordes e contrários, e em amalgamar tantos metais diversos, para que saia um Todo homogêneo e compacto, que não se esfarele ao pequeno toque de qualquer convulsão política".[69] As propostas de Bonifácio nesse sentido eram ousadas demais e, logo, não foram executadas, pois não condiziam com os reais objetivos dos protagonistas da separação política do país. Mas o fato é que a intelectualidade da época estava situada no debate: lia e conhecia a literatura e a tradição liberal e temia os "os perigosos ideais revolucionários dos jacobinos franceses".[70]

---

teja quer castigue [...]. KHALED JR, Salah H. *Ordem e progresso:* a invenção do Brasil e a gênese do autoritarismo nosso de cada dia. Rio de Janeiro: Lumen Juris, 2014.

69 JANCSÓ, István e PIMENTA, João Paulo G. Peças de um mosaico (ou apontamentos para o estudo da emergência da identidade nacional brasileira). In: MOTA, Carlos Guilherme (Org.). *Viagem Incompleta. A experiência brasileira.* (1500-2000). Formação: histórias. São Paulo: Senac, 1999, p. 173

70 Em síntese, os vários interesses se configuravam através de grupos políticos que apesar do nome, não tinham a estrutura de partidos. O Partido Português, avesso à independência, como o nome indica, reunia comerciantes interessados no retorno do Pacto Colonial e também militares portugueses e alguns funcionários da Coroa; O Partido Brasileiro, que inclusive incluía alguns portugueses, reunia latifundiários, altos funcionários da burocracia estatal e comerciantes ligados ao comércio inglês ou francês, bem como traficantes de escravos. Desejava o fim definitivo das restrições coloniais, mas definitivamente, não os excessos democráticos do liberalismo. Seu líder era José Bonifácio de Andrada e Silva. Finalmente, os chamados radicais eram compostos por um grupo com influência nos setores médios urbanos: pequenos comerciantes, advogados, padres, professores, farmacêuticos, funcionários públicos de baixo escalão, enfim. Para esse grupo, o modelo era a Independência dos EUA ou a Revolução Francesa.

De forma semelhante, a República idealizada pelos militares deliberadamente renunciou a qualquer simbologia política vinculada aos ideais revolucionários franceses de liberdade, solidariedade e fraternidade: o lema "Ordem e Progresso" remete diretamente ao pensamento de Augusto Comte, que teve enorme penetração no âmbito do exército e foi decisivo para o término do Império. Embora o projeto liberal não tenha triunfado, o novo formato da anatomia política era condizente com a recepção utilitária do liberalismo pelas elites de então: Como diagnostica Chaui: "Os liberais esperam que a separação entre Estado e sociedade seja, finalmente, conseguida e não lhes interessa considerar a República uma expressão da própria sociedade porque isso poderia estimular a perspectiva intervencionista do Estado".[71]

Evidentemente, todos esses liberalismos esquizofrênicos e seletivamente recepcionados poderiam ser confrontados com as suas próprias contradições. Mas pelo menos havia um fio condutor que era pautado por uma dada matriz teórica, ainda que importação sempre fosse um processo perverso de reafirmação de uma sociedade excludente.

Nada parece remeter ao vazio teórico que caracteriza a incoerente cacofonia da pseudodireita contemporânea.

A Ditadura Civil-Militar estava assentada na ideologia geopolítica do Brasil Potência 2000. Seu principal expositor foi o general Golbery do Couto e Silva, cujas ideias foram difundidas nas escolas na disciplina de "Educação Moral e Cívica", na Televisão Educativa, na "Hora do Brasil" e através do Mobral. Contra tal programa de sujeição também era possível o debate, particularmente para quem tinha simpatia pelas ideias de Paulo Freire. Também é possível mencionar Roberto Campos – ironicamente apelidado de Bob Fields – um intelectual que defendia ideias pelas quais certamente não nutro simpatia, mas que efetivamente detinha conhecimento notável de uma tradição que passa por Locke, Adam Smith, John Stuart Mil e tantos outros expoentes que não há como relacionar aqui, até porque isso extrapolaria os propósitos deste capítulo.

Qual é o ponto? O que passa por direita no Brasil hoje em dia é um discurso que simplesmente não faz sentido e que não dialoga com a própria tradição que supostamente deveria representar. No campo da direita, é uma forma infinitamente mais grosseira do que Hobsbawm

---

71 CHAUI, Marilena. *Brasil:* mito fundador e Sociedade autoritária. São Paulo: Fundação Perseu Abramo, 2001, p. 43.

acertadamente chamou de marxismo vulgar, que ainda é empregado por certas esquerdas.[72]

O discurso de ódio travestido de direita é difundido por charlatães sem formação acadêmica ou com formação acadêmica precária, que veiculam sua visão de mundo tacanha e preconceituosa sem qualquer espécie de constrangimento, desconsiderando até mesmo as regras mais básicas da civilidade. Não discutem ideias. Atacam pessoas sem o menor pudor. Elegem os alvos prediletos – tidos como verdadeiros inimigos – e conclamam uma legião de seguidores não pensantes a direcionar as baterias contra eles. E as massas seguem, para desespero de quem chega a sentir saudade de adversários de maior categoria.

O leitor pode estar se perguntando: mas qual a relevância da difusão do discurso de ódio dessa pseudointelectualidade canalha para o sistema penal, já que a sua conotação é fundamentalmente política e não jurídico-penal?

Como teremos a oportunidade de ver, possivelmente nada contribuiu de modo tão decisivo para o advento e difusão massiva de uma racionalidade binária que literalmente dividiu a sociedade em "coxinhas" e "petralhas" e com isso tornou aceitável o emprego de qualquer meio para a destruição de quem se encontra no campo oposto. O que a aceitabilidade dessas premissas representou e pode representar para um sistema penal que historicamente já é violador de direitos humanos consiste no objeto de análise dos capítulos remanescentes deste livro, que irá demonstrar como essa racionalidade, conjugada com a tradição inquisitória e a tentação autoritária, contribuiu para a ruína da República e a derrocada da democracia.

---

72 HOBSBAWM. Eric. *Sobre história.* São Paulo: Companhia das Letras, 1998.

4.
CORPOS OBJETIFICADOS: ALGO SOBRE PASSARINHOS, GAIOLAS E LAVA JATOS

A Operação Lava-Jato representou uma ruptura significativa para a dinâmica habitual das práticas punitivas brasileiras: de fato, talvez tenha sido a primeira oportunidade em que as baterias foram apontadas de forma incisiva para uma clientela que não é a habitual do sistema penal. Não é por acaso que alguns incautos adeptos do que Maria Lúcia Karam acertadamente chamou de "esquerda punitiva" a aplaudiram. Inicialmente isso pareceu positivo: não é por acaso que muitas pessoas compreenderam que foram dados passos decisivos para o combate à corrupção no país. No entanto, o que os observadores comprometidos com a contenção do poder punitivo perceberam foi um efeito colateral verdadeiramente devastador: não só ocorreu uma universalização perigosa da arbitrariedade do sistema penal, como os limites do que é aceitável ou não no processo penal foram esticados até o ponto de ruptura. O discurso inquisitório não foi apenas recepcionado de forma irrestrita pelo lavajatismo: ele foi revigorado e intensificado com base em novos vértices que fizeram do sistema penal uma maquinaria potencialmente ainda mais destrutiva e movida por insaciável apetite cautelar, no âmbito de um estarrecedor balcão de negócios que abala profundamente o equilíbrio que deve funcionar como limite da persecução penal. O Direito Processual Penal deixa de ter como alicerces *ação, jurisdição* e *processo* – o *actum trium personarum* dá lugar a delação premiada.

Uma frase em particular ilustra muito bem o argumento. A declaração do Procurador da República, Manoel Pastana, causou justificada perplexidade: "o passarinho pra cantar precisa estar preso". Por mais anedótica que a declaração possa soar, causa enorme desconforto o fato de ela ter sido proferida no contexto do que aparentava ser um novo fundamento para a prisão preventiva. Pastana argumentou que o expediente conformava uma "interpretação inovadora" do artigo 312 do Código de Processo Penal, que autorizaria uma extensão dos limites do que pode significar a expressão "para conveniência da instrução criminal", ou seja, a sujeição dos corpos como meio para extração da verdade e abertura de espaços de negociação visando uma eventual confissão/delação.

Diante desse contexto, estaria "justificada" a prisão para forçar o passarinho a "cantar" – em verso e prosa – como foi cometido o delito, em um "negócio" que o Estado faz com o "criminoso". Visivelmente trata-se de modalidade de prisão-guerra, utilizada como tática de aniquilação do outro, típica do dilema do prisioneiro, como discutido por Alexandre Morais da Rosa.[73] Como já foi amplamente discutido por juristas comprometidos com a democracia, a delação premiada motiva inúmeras objeções. São enormes as restrições ao instituto, que estão assentadas em razões políticas, jurídicas e epistemológicas.[74]

Nesse sentido, engana-se quem supõe que o processo não possa ser interpretado através da metáfora do jogo: para Foucault, o interrogatório está muito próximo dos antigos desafios germânicos. Ele se liga às ordálias, aos duelos judiciais, aos julgamentos divinos, pois o juiz deve submeter o acusado, deve triunfar sobre ele: no suplício do interrogatório objetiva-se obter um "[...] indício, o mais grave de todos – a confissão do culpado; mas é também a batalha, é a vitória do adversário sobre o outro que 'produz' ritualmente a verdade".[75] Como pontuei no primeiro capítulo, ainda prospera uma concepção de processo como ritual de sujeição arbitrária do outro, seja através de violência física ou simbólica.

---

73 "A partir da teoria dos jogos [Dilema do Prisioneiro] podem se configurar como mecanismos de pressão cooperativa e/ou táticas de aniquilamento (simbólica e real, dadas as condições em que são executadas). A prisão do indiciado/acusado é modalidade de guerra com tática de aniquilação, uma vez que os movimentos da defesa estarão vinculados à soltura. Clausewitz deixou herdeiros no processo penal ao apontar que a pressão pela liberdade ou por finalizar o processo ajuda na estratégia, uma vez que atua no centro de gravidade: a liberdade. Além disso, a facilidade probatória [...] e a redução da condição do acusado a objeto (subjugação psicológica do acusado, defensor, familiares, etc.) podem ser úteis à acusação, como já apontava o Manual dos Inquisidores." MORAIS DA ROSA, Alexandre. *Guia Compacto do Processo Penal conforme a Teoria dos Jogos*. 2ª Edição. Rio de Janeiro: Lumen Juris, 2014, p. 157. Ver também p. 168: "O uso pela polícia e pelo jogador acusador possuem o condão de desestabilizar o investigado e, quem sabe, com isso, promover confissões, delações, etc."

74 Ver LOPES JR., Aury; MORAIS DA ROSA, Alexandre. *Processo penal no limite*. Florianópolis: Empório do Direito, 2015.

75 FOUCAULT, Michel. *Vigiar e punir*: nascimento da prisão. Petrópolis: Vozes, 2008, p. 36-37.

No auge do esplendor inquisitório a prisão processual era regra inescapável, por um motivo simples: o inquisidor precisa dispor do corpo objetificado do acusado para dele extrair a verdade. A noção de parte ou sujeito processual é inconcebível no processo inquisitório: ele é coisa manipulável pela ambição de verdade que é movida pelo ódio do magistrado. A conexão é mais do que perceptível: naturalizamos as ruínas na paisagem e aceitamos que o interrogatório possa conformar um jogo no qual o inquisidor deve triunfar sobre o inimigo, tido como objeto do conhecimento. Por mais que possam existir resistências (a meu ver, injustificadas) quanto à proibição de interferência do juiz na gestão da prova[76] precisamos ter uma noção mínima dos lugares e da necessidade de contenção da proliferação irrestrita de espaços potestativos de subjetividade que confundem o Direito com a moral. Sérgio Moro desde o princípio atuou como um magistrado seduzido pelas premissas de uma tecnologia construída para viabilizar a consolidação do ódio ao outro, o que é incompatível com o Estado Democrático de Direito. Não se trata aqui de uma crítica dirigida especificamente a pessoas, mas de incisiva discordância quanto aos pré-juízos que "autorizam" racionalidades nas quais os fins justificam os meios. Como fica o direito ao silêncio se o interrogatório deixa de ser oportunidade de fala e se transforma em meio coercitivo de extração da verdade, caracterizando flagrante deslealdade processual?[77] Não deveria ter causado preocupação quem iria julgar o futuro processo da Lava-Jato, dada a extensão da contaminação e comprometimento com hipóteses previamente escolhidas? Não se antevia, desde o princípio, uma grande possibilidade de que tudo se transforme em mero golpe de cena, uma simples confirmação de escolhas previamente eleitas, como discutido por Aury Lopes Jr. e Alexandre Morais da Rosa?[78]

O recurso ao terror na investigação preliminar remete às estratégias sistematizadas por Nicolau Eymerich no *Manual dos Inquisidores*, que são típicas do período de apogeu do inquisitorialismo. Como observou Cordero, no auge do esplendor inquisitório o processo tornou-se assunto terapêutico; a pena era considerada um remédio; querendo ou

---

76 Ver MIRANDA COUTINHO, Jacinto Nelson de. O papel do juiz no processo penal. In: COUTINHO, Jacinto Nelson de Miranda (coord.) *Crítica à teoria geral do direito processual penal*. Rio de Janeiro: Renovar, 2001.

77 LOPES JR., Aury. *Direito Processual Penal*. São Paulo: Saraiva, 2014, p. 655.

78 Ver LOPES JR., Aury; MORAIS DA ROSA, Alexandre. *Processo penal no limite*. Florianópolis: Empório do Direito, 2015.

não, o imputado era coagido a cooperar.[79] A ferramenta inquisitorial desenvolveu um teorema: culpado ou não, o imputado detém a verdade histórica; cada questão será seguramente resolvida, bastando que o inquisidor entre em sua cabeça.[80] Não havia um diálogo formalmente regulado: o sistema era voltado para um animal que confessava.[81] A instrução ocorria no que Cordero chamou de ambiente inquisitório: o investigado é um animal que confessa, ou pelo menos deve sê-lo; como a efusão suicida é normalmente repugnante, deve ser estimulada. Os investigadores manipulam almas, fazendo com que o acusado logo se torne irreconhecível em relação ao que era fora do ambiente inquisitório, o que exige uma sofisticada tecnologia: lugares fechados e um tempo cíclico, sujeito a horários indefinidos, típicos da arte inquisitória, que emprega um trabalho profundo na mente do acusado, alternando momentos de aspereza e doçura.[82] Trata-se de verdadeira clausura instrutória, para arrancar a verdade.[83] Como arte dirigida à obtenção da confissão, o processo inquisitório necessita de tempo para manipular o acusado; expediente instrutório, essa custódia é um instrumento de ofício: em ambiente normal, o acusado não confessaria.[84] As características do sistema conformavam uma objetificação de corpos: para o inquisidor, era necessário dispor do corpo do herege, para que fosse esquadrinhado, decomposto analiticamente e recomposto como objeto de um saber possível, de acordo com a conformação dogmática de um conjunto de verdades e procedimentos preestabelecidos. Tudo isso é típico de uma estrutura processual penal movida por insaciável ambição de verdade.

Seria reconfortante se isso tudo fizesse parte do passado e pudéssemos deixar de lado a Inquisição e o discurso de ódio que a embasava. Mas o fato é que não há anacronismo aqui: existe uma continuidade entre os postulados da epistemologia inquisitória e a estrutura de pensamento que autoriza a continuidade de um processo penal do inimigo em pleno contexto contemporâneo, em nome de uma sacralizada busca da verdade.

---

79 CORDERO, Franco. *Guida alla procedura penale*. Torino: UTET, 1986, p. 46.

80 CORDERO, Franco. *Guida alla procedura penale*. Torino: UTET, 1986, p. 48.

81 CORDERO, Franco. *Guida alla procedura penale*. Torino: UTET, 1986, p. 48.

82 CORDERO, Franco. *Procedimiento Penal*: Tomo I. Bogotá: Temis, 2000, p. 393.

83 CORDERO, Franco. *Procedimiento Penal*: Tomo I. Bogotá: Temis, 2000, p. 394.

84 CORDERO, Franco. *Procedimiento Penal*: Tomo I. Bogotá: Temis, 2000, p. 392.

Trilhamos caminhos perigosos com o lavajatismo e nos distanciamos ainda mais da consolidação de uma estrutura ritualizada de contenção do poder punitivo, condizente com nosso cenário democrático-constitucional. O tempo se encarregou de explicitar o quanto se iludiram aqueles que vibraram com a deformação das regras do jogo, em nome de uma equivocada ampliação do leque de persecução penal. As consequências que essas premissas trouxeram para os protagonistas das obras toscas da criminalidade, ou seja, dos sujeitos em situação de vulnerabilidade social foram desastrosas: uma caixa de pandora foi aberta e os mais pobres, como sempre ocorre em um sistema penal tão seletivo como o nosso, pagaram o preço, ainda que a "interpretação inovadora" tenha surgido sob o pretexto de investigação de crimes complexos como os que eram objeto da Operação Lava-Jato. Pessoas em situação de vulnerabilidade social não tem o que negociar: a figura da delação premiada sempre será, para elas, um mero pote de ouro no fim do arco-íris, completamente inalcançável. Como declarou Gilson Dipp, a delação premiada não é para ladrão de galinhas. A frase exemplifica de forma clara como instituto reafirma a conhecida seletividade social do sistema penal.

Em 2014, também tivemos prisões cautelares embasadas no que ativistas políticos poderiam potencialmente fazer ou que se acreditava que fariam, bem como a aparente ressurreição de prisões para averiguações/declarações. De fato, resquícios autoritários da tradição inquisitória ainda dominam o imaginário jurídico contemporâneo de forma assombrosa. Quem sabe talvez seja necessário novamente repensar o papel da defesa, como foi feito no século XIII? As engrenagens parecem se movimentar no sentido de que a sua função deve consistir em apressar a confissão e facilitar a delação. Será esse o papel essencial ao bom funcionamento da Justiça que a advocacia será chamada a desempenhar dentro dos marcos constitucionais do devido processo legal?

Não há como negar que tudo isso ainda soa assustadoramente familiar. A própria concepção de defesa de Eymerich desvela a visível conexão: dar o direito de defesa ao acusado é motivo de lentidão no processo e de atraso na proclamação da sentença, o que por sinal demonstra a que interesses serve a lógica da celeridade processual, já em sua gênese. Se isso já é assustador, o que dizer do comentário de Francisco De La Peña (que ampliou o Directorum Inquisitorum)? Para ele, Eymerich tem absoluta razão quando fala da total inutilidade da defesa: o papel do advogado é fazer o réu confessar logo e se arrepender, além de pedir a pena para o crime cometido.[85] Como teremos a oportunidade de ver, o discurso de ódio com conotação política que referi anteriormente foi acoplado ao processo penal, tornando possível algo inimaginável em uma democracia: a criminalização da própria advocacia.

O cenário de retomada do vigor inquisitório não faz parte de um passado que aqui insisto em ressuscitar: continua a prosperar uma problemática convergência de postulados inquisitoriais com uma infundada teoria geral do processo, que sonega ao processo penal categorias condizentes com a sua complexidade inerente, como disse Jacinto Nelson de Miranda Coutinho.[86] Será esse o caminho a seguir?

Peço que não me interpretem equivocadamente. Não se trata aqui de defesa de quem quer que seja em particular e muito menos da hemorragia que tomou conta da Petrobras. Mas penso que a questão passa pela ampliação dos mecanismos de controle e transparência, mais do que qualquer crença metafísica na suposta capacidade do Direito Penal para proteger bens jurídicos. Ainda que alguns valores estejam sendo reavidos, o lavajatismo deixou um rastro de destruição que se estende da esfera jurídica para a política, debilitou a economia, contribuiu para uma guerra cultural e minou profundamente as relações sociais dos brasileiros. O tão saudado combate à corrupção empalidece diante desse legado, ainda mais quando se considera que o combate em questão foi seletivo, já que somente um espectro da política foi verdadeiramente criminalizado. Seja qual for o propósito, não podemos admitir que a deformação das regras do jogo torne-se algo aceitável, especialmente quando ele decorre de projetos pessoais, como oportunamente será discutido aqui. A legalidade democrática sempre deve ser defendida de modo ferrenho: são conquistas inafastáveis do que representa ou pode vir a representar o próprio Estado Democrático de Direito, cuja existência não pode ser dissociada do devido processo legal.

---

85 EYMERICH, Nicolau. *Manual dos inquisidores*. Rio de Janeiro: Rosa dos Tempos, 1993, p. 138-139.

86 Como apontou Jacinto Coutinho, "[...] a teoria geral do processo civil, a cavalo na teoria geral do processo, penetra no nosso processo penal e, ao invés de dar-lhe uma teoria geral, o reduz a um primo pobre, uma parcela, uma fatia da teoria geral. Em suma, teoria geral do processo é engodo; teoria geral é a do processo civil e, a partir dela, as demais". MIRANDA COUTINHO, Jacinto Nelson de. *A Lide e o Conteúdo do Processo Penal*. 3ª Edição. Curitiba: Juruá, 1998, p. 122-123.

Mas a lógica inquisitória faz com que a noção de sujeito processual perca sentido. Corpos se tornam objeto de transação e aniquilação. Inevitavelmente com alguns se negocia e com outros não. Se vamos instituir o *engaiolamento* como regra, restarão poucos passarinhos voando neste mundo, se é que restará algum: aprofundaremos ainda mais o grande encarceramento. Hoje, como ontem, precisamos resistir contra a expansão continuada do poder punitivo. Não se brinca com direitos fundamentais e garantias. A democracia – mesmo uma tão imperfeita como a nossa – raramente morre de forma abrupta. Morre lentamente, passo a passo. E reconquistá-la é tarefa árdua e que pode levar décadas, ainda mais em um país com uma tradição tão autoritária como o nosso.[87] E não. Não foi um passarinho que me contou isso. A história é que mostra. Não se flerta com a barbárie impunemente e eventualmente todos acabam pagando o preço.

Os sinais estavam dispostos. Caminhávamos em direção ao desastre. Conscientemente ou não, marchávamos em direção ao precipício. A ruína da República se aproximava cada vez mais.

---

87 KHALED JR, Salah H. *Ordem e progresso:* a invenção do Brasil e a gênese do autoritarismo nosso de cada dia. 3ª edição. Rio de Janeiro: Lumen Juris, 2018.

5.
PROCESSO PENAL DO ESPETÁCULO

Forma é garantia. Ou pelo menos, deveria ser. Dificilmente alguém sustentaria que o Direito Penal é simplesmente (mais) um meio de controle social. Mesmo quem defende que o sentido do Direito Penal consiste na tutela de bens jurídicos precisa diferenciá-lo das demais instâncias do controle social. Essa distinção consiste precisamente no seu rigor formal: diferentemente de outras realidades do controle social, o Direito Penal moderno encontra sua especificidade na exigência de definição prévia, clara e objetiva dos mandamentos e proibições penais, assim como de eventuais sanções aplicáveis. Veja bem: não estou aqui sequer flertando com concepções que considero mais adequadas para a realidade marginal da América Latina, como a de Zaffaroni. Trata-se de pensamento jurídico-penal amplamente consolidado na dogmática mundial. Não é nada mais do que exige a própria ideia de legalidade.

Logicamente é preciso ampliar o raciocínio e compreender o alcance do que isso representa para a dinâmica do próprio sistema penal: um dos maiores problemas do processo penal consiste precisamente no seu injustificável divórcio conceitual do direito material ao qual está necessariamente ligado.[88] Como rejeito a malfada teoria geral do processo e (re)penso a instrumentalidade processual penal conectada com o Direito Penal, considero que o conceito de tipo processual não é apenas proveitoso: é uma exigência irrenunciável para que a própria faceta de garantia do Direito Penal não seja reduzida a pó no ambiente processual.[89]

---

88 Como disse Jacinto Nelson de Miranda Coutinho" [...] a teoria geral do processo civil, a cavalo na teoria geral do processo, penetra no nosso processo penal e, ao invés de dar-lhe uma teoria geral, o reduz a um primo pobre, uma parcela, uma fatia da teoria geral. Em suma, teoria geral do processo é engodo; teoria geral é a do processo civil e, a partir dela, as demais". MIRANDA COUTINHO, Jacinto Nelson de. *A Lide e o Conteúdo do Processo Penal*. Curitiba: Juruá, 1998, p. 122-123.

89 Ver LOPES JR, Aury. *Direito processual penal*. São Paulo: Saraiva, 2015.

Não é por acaso que se fala em devido processo legal: *legal* é o processo que transcorre dentro das regras do jogo, ou seja, que não tolera que a cognição seja argila manipulável por um magistrado que calcula com base no algoritmo inquisitório e que ativamente visa confirmar suas próprias hipóteses. Um processo inquisitorialmente configurado realmente é infalível: o estilo inquisitório é caracterizado por máquinas que operam com base no monólogo e em automatismos teoricamente perfeitos; nada é deixado ao acaso; prevê tudo que julga.[90] Em tais cenários, o processo não é mais do que uma marcha rumo à inevitável condenação: basta preencher o *checklist* da tipicidade, antijuridicidade e culpabilidade e assegurar o resultado desejado. Está morta a dimensão de garantia do Direito Penal. Mas será que esse processo mofado convive bem com desejáveis ares democráticos?

O leitor certamente percebe que estou falando de uma inescapável opção entre: a) *acreditar nas virtudes de um dado magistrado para extrair a essência do real e com isso subestimar todos os alertas sobre os perigos do decisionismo e do ativismo judicial*; ou b) *apostar na única imparcialidade possível, ou seja, na imparcialidade sistêmica, que consiste fundamentalmente na posição receptiva imposta ao magistrado, que enquanto árbitro deve necessariamente zelar pelo cumprimento das regras do jogo.*

Reitero que a postura do magistrado no processo penal deve ser receptiva.[91] Por sinal, essa é a atitude que a conformidade constitucional do Direito Processual Penal impõe.[92] Ao sistema acusatório convém um juiz espectador, dedicado acima de tudo à valoração objetiva e imparcial dos fatos, e, portanto, mais prudente do que sapiente, enquanto o rito inquisitório exige um juiz ator, representante do interesse punitivo e por isso leguleio, versado nos procedimentos e dotado de capacidade investigativa.[93] Como observou Prado, "[...] se na estrutura inquisitória o juiz 'acusa', na acusatória a existência de parte autônoma, encarregada da tarefa de acusar, funciona para deslocar o juiz

---

90 CORDERO, Franco. *Procedimiento Penal:* Tomo I. Bogotá: Temis, 2000, p. 319

91 GOLDSCHMIDT, James. Problemas jurídicos y políticos del proceso penal. In: GOLDSCHMIDT, James. *Derecho, derecho penal y proceso I:* problemas fundamentales del derecho. Madrid: Marcial Pons, 2010, p. 780

92 Ver LOPES JR, Aury. *Direito processual penal.* São Paulo: Saraiva, 2015.

93 FERRAJOLI, Luigi. *Direito e razão:* teoria do garantismo penal. São Paulo: RT, 2002, p. 461.

do centro do processo, cuidando de preservar a nota de imparcialidade que deve marcar a sua atuação".[94]

No entanto, o lavajatismo criou um novo paradigma de juiz, que passa a ocupar o lugar do acusador e brilhar como se fosse estrela de seu próprio *reality show*. Tudo se torna aceitável para a consecução de uma c que autoriza e legitima o desprezo pela forma. Processo penal do espetáculo é o nome dado ao ritual de persecução penal que despreza a legalidade em nome do brilho dos refletores midiáticos.[95] Nele o juiz é o centro de todas as atenções e a cognição é argila manipulável conforme os fetiches político-criminais do momento. Surge assim um processo dedicado à confirmação de expectativas punitivas que nele jamais deveriam prosperar.[96] Um processo penal *bigbrotherizado*: a pena é objeto de barganha em um balcão de negócios no qual os acusados *pedem para sair* e oferecem algo em troca.

Alguns ainda encaram tudo isso com surpreendente naturalidade, o que não é por acaso: não escondem sua predileção por estruturas processuais penais autoritárias. Existem precedentes históricos facilmente identificáveis para tais devaneios inquisitoriais. Por essa e muitas outras razões, a escolha entre *acusatoriedade* e *inquisitorialidade* não é uma simples opção teórica ou acadêmica. São dois modelos fundamentalmente distintos, que propõem jornadas processuais diametralmente opostas: a) *um processo penal do inimigo, de corte inquisitório e autoritário, fundado na ambição de verdade e no discurso de ódio*; ou b) *um processo penal do cidadão, de corte acusatório e democrático, fundado na dignidade da pessoa humana e na presunção de inocência.*

O primeiro parâmetro processual capacita a expansão do estado de polícia e a consequente degradação da própria democracia; o segundo parâmetro processual capacita o Estado Democrático de Direito e a contenção dos elementos do estado de polícia que nele persistem.[97] Um Estado Democrático de Direito emancipado do rigor formal democráti-

---

94 PRADO, Geraldo. *Sistema acusatório: a conformidade constitucional das leis processuais penais*. Rio de Janeiro: Lumen Juris, 2006, p. 106.

95 CASARA, Rubens R.R. *Processo penal do espetáculo: ensaios sobre o poder penal, a dogmática e o autoritarismo na sociedade brasileira*. Florianópolis: Empório do Direito, 2015.

96 CUNHA MARTINS, Rui. O ponto cego do direito: the brazilian lessons. São Paulo: Atlas, 2013.

97 Ver ZAFFARONI, Eugenio Raul; BATISTA, Nilo; ALAGIA, Alejandro; SLOKAR, Alejandro. *Direito penal Brasileiro – I*. Rio de Janeiro: Revan, 2003.

co sucumbe facilmente às pulsões inquisitoriais que o ameaçam, potencialmente favorecendo a fragilização de suas instituições e a extinção da própria República, em nome da ingênua crença na capacidade de um poder punitivo arbitrariamente exercido para promover o bem.

No processo acusatório, as regras do jogo são fundamentais, enquanto no processo inquisitório conta acima de tudo o resultado, que deve ser obtido de qualquer modo, mesmo que para isso a forma possa ser desprezada. O sistema acusatório é caracterizado pelo seu formalismo: quanto menos espaço ocupa o órgão que julga, mais pesam os ritos.[98] Este modelo reconhece um único valor, a justiça, o jogo limpo.[99] Diferentemente, a estrutura tecnocrática inquisitória dissolve os vínculos legais; não importa como se manifestam ou se revelam os dados, contanto que sirvam para o trabalho; a prova somente é apreciável em função de sua utilidade para um dado fim previamente definido: eis o primado das hipóteses sobre os fatos.[100] A ideia reaparece na época pós-inquisitória, baixo princípios que permitem incontáveis abusos a partir do livre convencimento.[101] Nos meios de cognição do processo inquisitório prova é todo fato ou ato que revela conhecimento sobre o que aconteceu; dirigida à verdade histórica, a busca não admite limites nem amparos formais; ainda que existam algumas regras, resultam burladas, pois as técnicas inquisitoriais produzem um ilegalismo congênito. Os processos inquisitórios são máquinas analíticas movidas por inesgotável curiosidade experimental.[102]

Quem pensa que isso faz parte de um distante passado comete um grave equívoco: a ideia ainda prospera no contexto contemporâneo, sob o abrigo de teorias estruturadas em postulados teóricos defasados, que sustentam que o juiz cumpre uma função epistêmica de busca da verdade no processo e que revitalizam os traços processuais inquisitoriais.[103] Não que a rejeição da "busca da verdade" signifique que

---

98 CORDERO, Franco. *Procedimiento Penal:* Tomo I. Bogotá: Temis, 2000, p. 88.

99 CORDERO, Franco. *Procedimiento Penal:* Tomo I. Bogotá: Temis, 2000, p. 90.

100 Ver CORDERO, Franco. *Guida alla procedure penale.* Torino: UTET, 1986, p. 51

101 CORDERO, Franco. *Procedimiento Penal:* Tomo II. Bogotá: Temis, 2000, p. 40.

102 CORDERO, Franco. *Procedimiento Penal:* Tomo II. Bogotá: Temis, 2000, p. 40.

103 Ver TARUFFO, Michelle. Simplemente la verdad: el juez y la construcción de los hechos. Madrid: Marcial Pons, 2010 e a desconstrução do seu pensamento em KHALED JR, Salah H. *A Busca da verdade no processo penal:* para além da ambição inquisitorial. São Paulo: Atlas, 2013.

o processo acusatório desconsidera a verdade: ela apenas perde sua posição hegemônica, o que permite afastar a patologia resultante de sua elevação a cânone no processo inquisitório, redefinindo seu lugar sistêmico na arquitetura processual penal.[104] Com isso é possível abandonar a ambição de verdade, sem deslizar para o relativismo absoluto. Afinal, "se uma justiça penal integralmente "com verdade" constitui uma utopia, uma justiça penal completamente "sem verdade" equivale a um sistema de arbitrariedade".[105]

Enquanto os inquisidores falaciosamente enfrentavam o diabo, o processo acusatório é pura operação técnica, pois um resultado equivale ao outro; a observância das regras é o que importa, acima de tudo: é o que a democracia exige. "Será essa uma das suas maiores glórias: pedirem-lhe sangue e ele oferecer contraditório. Recusar-se, perante a pressão para condenar, a afivelar a lógica do carrasco", como disse Rui Cunha Martins. O autor é incisivo: se diante do clamor popular ele tiver que escolher a impopularidade, que a escolha.[106]

Mas nos últimos anos seguimos outro caminho, não é mesmo? A *jurisprudencialização* do direito e suas escolhas *à la carte* produziram inovações significativas. Trocamos a cognição pela delação; a convicção pela crença; o rigor formal pelo utilitarismo; o hiato e a ruptura processual pelo espetáculo. Pode existir uma prática completamente apartada de fundamentação teórica? Sim, pode. Mas como expressão de violência, se isso é aceitável (e para muitos aparentemente é).

Alguém dirá: mas então o processo e suas categorias valem mais do que o combate à corrupção? Quanta ingenuidade. Não se trata disso. Como disse Rui Cunha Martins, o Estado de Direito só é salvo quando um poderoso ou corrupto é punido no decurso do devido processo legal; o contrário disto é populismo puro.[107]

Não estou sendo maniqueísta e denunciando um confronto entre o bem e o mal. As pessoas fazem as suas escolhas e geralmente acreditam

---

104 KHALED JR, Salah H. A busca da verdade no processo penal: para além da ambição inquisitorial. 3ª edição. Belo Horizonte: Letramento, 2020.

105 FERRAJOLI, Luigi. *Direito e razão:* teoria do garantismo penal. São Paulo: RT, 2002, p. 38.

106 CUNHA MARTINS, Rui. A hora dos cadáveres adiados: corrupção, expectativa e processo penal. São Paulo: Atlas, 2013, p. 98-99.

107 CUNHA MARTINS, Rui. *A hora dos cadáveres adiados: corrupção, expectativa e processo penal.* São Paulo: Atlas, 2013, p. 105.

que fazem o certo quando assumem determinadas posturas no cumprimento de seus papéis sociais. Mas, como disse Agostinho Ramalho Marques Neto, quem nos salva da bondade dos bons?

O desprezo pela forma e o fetiche pelo espetáculo não salvam a democracia: fazem com que um pedaço dela seja comprometido a cada dia. Quem pensa o contrário apenas se ilude com fogos de artifício enquanto os alicerces da liberdade são cada vez mais comprometidos. Os últimos anos demonstraram isso claramente. Mas a plateia aplaude. E a grande mídia joga confete, enquanto os inquisidores se encarregam de esculpir a argila noticiável que será consumida como produto pela patuleia de Pindorama, como diria Lenio Streck. Contra isso é preciso resistir. Não apenas em nome das regras do jogo, mas em nome do próprio Estado Democrático de Direito.

6.
PROCESSO PENAL COMO FENÔMENO CULTURAL

Pensar o processo penal como fenômeno essencialmente *cultural* é o desafio proposto neste capítulo. Logicamente, isso não significa que a dimensão normativa e epistemológica será desconsiderada por completo. Mas a intenção consiste em explorar a dimensão de *significado* no âmbito do processo e a própria *reconstrução mediada* e/ou a *exponenciação* de significado a que são submetidas as complexas situações jurídicas processuais, enquanto *discursos exportáveis* do processo para *consumo externo*.[108]

Nesse sentido, a relação entre processo penal e *expectativa* deve ser redimensionada. Que o processo penal não deve ser uma *maquinaria processual de confirmação de expectativas,* é um truísmo que dificilmente pode ser negado: ele deve estabelecer um limite, uma fronteira, um regime de verdade no qual os devaneios da *evidência* não possam adentrar.[109] Por mais que o confronto processual se dê no âmbito de distintas *representações narrativas* voltadas para a *captura psíquica* do juiz, convivem as noções de *carga* para a acusação e *risco* para a defesa: a *incerteza* das *situações jurídicas* processuais deve ser mitigada pela adoção de garantias que circunscrevam o jogo processual dentro dos limites do justo, preservando o acusado e fixando o juiz na posição receptiva que lhe é imposta pela epistemologia acusatória.[110] Somente assim um regime de verdade estruturado em torno do *análogo* pode

---

108 GOLDSCHMIDT, James. Problemas jurídicos y políticos del proceso penal. In: GOLDSCHMIDT, James. *Derecho, Derecho Penal y proceso I*: problemas fundamentales del derecho. Madrid: Marcial Pons, 2010, p. 778 e ss.

109 CUNHA MARTINS, Rui. *O ponto cego do Direito*: the brazilian lessons. Rio de Janeiro: Lumen Juris, 2010, p. 37.

110 GOLDSCHMIDT, James. Problemas jurídicos y políticos del proceso penal. In: GOLDSCHMIDT, James. *Derecho, Derecho Penal y proceso I*: problemas fundamentales del derecho. Madrid: Marcial Pons, 2010, p. 778 e ss.

vir a prosperar, enquanto epistemologia que reconhece a *passeidade* e renúncia à ambição da verdade, reconhecendo os limites de um conhecimento que tem como base *rastros* do passado.[111]

Para isso é preciso instituir limites, tanto normativos, quanto epistemológicos. Os normativos estão dados, mas são ignorados. Os epistemológicos normalmente não são sequer (re)conhecidos. Mas são eles que podem nos resguardar diante de derivas autoritárias e de contaminações explícitas, decorrentes de confusões entre os regimes de verdade da *prova*, da *evidência*, da *convicção* e da *crença. Alucinatório* é o processo no qual a condenação é fruto de ponderações solitárias do magistrado, que exterioriza narrativamente uma decisão eleita de antemão para depois partir em busca de esteio probatório. É o que ocorre quando o processo *dialógico* é morto em nome do *monólogo* da *tradição inquisitória*, que tem desapreço pelo contraditório e certifica qualquer meio para atingir a finalidade tão desejada.

A ruptura autoritária não é da ordem da epistemologia ou da normatividade. É da ordem da *cultura*, da tradição inquisitória que permite a deriva, que dá margem para o golpe de cena que transforma o processo em monólogo autoritário, reinventado como discurso vociferado para o grande público na *sociedade do espetáculo*.[112]

É da cultura inquisitória que a verdade seja produzida em segredo, enquanto o juiz manipula a prova. O processo inquisitório não só não tem predileção pela transparência, como despreza o contraditório. Mas na atual quadra histórica, ele abandona o fetiche pelo oculto para se transformar em um mecanismo de *assujeitamento* e *violência simbólica*, que simultaneamente satisfaz e cria expectativas no público que é seu consumidor, em uma verdadeira *dialética da arbitrariedade*.

É o que ocorre quando o hiato processual não tem mais função contramajoritária de resistência, funcionando, contrariamente, como mecanismo que *fomenta desejos* e *cria expectativas*, satisfazendo os anseios de um público que consome processo penal como se fosse mercadoria, ainda que no plano simbólico. O processo deixa de ter como objeto o caso penal ou a pretensão acusatória, ou até a ambição de verdade: passa a estar movido por uma intenção de (re)definição da percepção pública sobre a pessoa do acusado, sendo essa a sua finalidade última.

---

111 KHALED JR., Salah H. *A busca da verdade no processo penal*: para além da ambição inquisitorial. 3ª edição. Belo Horizonte: Letramento, 2020.

112 DEBORD, Guy. *A sociedade do espetáculo*. Rio de Janeiro: Contraponto, 1997.

Com isso, fica claro que é muitas vezes uma prática punitiva tendencialmente voltada para a destruição de reputações e vidas do que propriamente um ritual interessado em um dado fato do passado, já que ele simplesmente funciona como pretexto para que um alvo específico seja eventualmente enjaulado.

Já foi dito que o processo penal em si mesmo é uma pena: ele arruína o convívio social do acusado, talvez definitivamente. Mas isso sempre foi percebido como uma espécie de efeito colateral, que decorria do quanto era estigmatizante em si mesma a persecução penal, não como um fim abertamente almejado como parte de uma *guerra cultural*, que coloca o processo penal não apenas no centro da política, mas no centro da própria cultura. Seu propósito passa a ser dado pelo ódio dirigido ao grupo definido como inimigo e nisso o processo muito tem contribuído para a instalação da *racionalidade binária*. Em outras palavras, ele deixa de estabelecer uma fronteira processual como obstáculo ao ódio para auxiliar na demarcação de uma fronteira subjetiva que consolida o ódio: liquida com seus próprios limites normativos para fomentar o desprezo por limites civilizatórios que visam consolidar a *tentação autoritária*.

O ódio encontra terreno fértil para se difundir em tempos de insegurança ontológica e privação relativa. O ressentimento facilmente se volta contra quem luta pela expansão da cidadania: grupos cujas pautas são inteiramente legítimas, mas que são percebidos como aproveitadores de políticas públicas equivocadas de inclusão social e identitária.[113] Se manipulado com maestria, o ressentimento pode se transformar em ódio de privilegiados contra movimentos negros, feministas e LGBTs. Tanto diretamente contra eles, como contra aqueles que possam ter se situado ao seu lado no campo político, desencadeando fortes sentimentos punitivistas e possibilitando a criminalização da própria política, para a qual o sistema penal será fundamental, mediante o emprego da *lawfare*: a indignação seletiva contra a corrupção encontra aqui um de seus pontos centrais de possível compreensão.

Por outro lado, os problemas que decorrem da emergência da sociedade excludente fomentam a ascensão da criminalidade violenta, que a seu modo "legitima" perante olhos de terceiros o recrudescimento penal, dilacerando a promessa de um controle social mínimo, já que o sistema é continuamente chamado a resolver um problema para o qual

---

113 YOUNG, Jock. *A sociedade excludente*. Rio de Janeiro: Revan, 2002.

ele pouco pode contribuir: a violência não é uma doença isolada da sociedade, que pode ser extirpada como um parasita; ela é sintoma de problemas que estão na sociedade e fazem parte da sociedade.

O processo penal se mostrará permeável a expectativas punitivistas, que resultam não só da violência, mas da retratação sensacionalista da violência, que também é experimentada como produto em uma sociedade saturada de *questão criminal*. Transformada em *capital simbólico*, a *expectativa* autorizará a assunção de um papel de vingador social pela magistratura, que desse modo corresponderá ao que a "sociedade" espera dela, ou seja, a primazia de "seus" direitos diante dos direitos "deles", os "outros". Tanto em nível micro quanto em nível macro será assim: o discurso reverbera na subjetividade de juízes singulares seduzidos pelo paradigma estabelecido por Moro e é proferido com ares salvacionistas por alguns ministros do Supremo Tribunal Federal.

Pensar o processo penal como *fenômeno cultural* significa reconhecê-lo como lugar, com todas as implicações que daí se extraem. Como lugar no qual convergem *controle social e resistência*, é preciso reconhecer que o processo penal está situado em um espaço permeável, fluído, em perpétua construção, constantemente em mobilidade, adaptação e disputa. É um espaço historicamente construído e reconstruído que persiste como lugar autoritário, o que não se faz sem discurso retórico que vele sua propensão para violência. Ele certamente é mais dado a manipulações do que seria desejável e, na história recente, assumiu outra conotação: transformou-se em pedra fundamental de uma cruzada pela salvação da nação, ou pelo que é percebido pelas agências que contribuem para essa cruzada como salvação da nação.

Por mais que a normatividade imponha a fixidez das formas processuais — no que corretamente já se chamou de *tipicidade processual* — permanece irresolvida a imbricação entre tradição inquisitória e conformidade constitucional do processo penal.

Assumindo de forma cada vez mais aberta sua faceta de coação, submissão e negociação, com o advento e protagonismo cada vez maior da delação — e paradoxalmente transformando a própria persecução penal em mercadoria — o processo contemporâneo atua como verdadeiro predador de direitos fundamentais e canibal de garantias processuais.

Hoje é impossível compreender o processo sem levar em conta essa dimensão, sob risco de o estudo se dar somente no plano da abstração, enquanto deve contemplar outras dimensões de construção de significado como a criminalização da advocacia e os mecanismos subjetivos típicos da economia moral de ilegalidades da qual participam os agentes de um complexo jurídico-midiático como a Operação Lava Jato, como veremos nos próximos capítulos. O encadeamento narrativo entre as duas dimensões da Operação demoniza e dramatiza, construindo no imaginário público um relato que poderia ser definido de modo provocativo como ficção: vale não só aquilo que supostamente se fez, mas o potencial que uma dada conduta ou pessoa tem para enriquecer a macronarrativa da corrupção.

A narrativa em questão já foi comodificada nos sentidos mais óbvios. Em torno dela circula uma indústria que fatura com biografias escritas por *ghost writers* e películas cinematográficas, enquanto as estrelas propriamente ditas se valem das funções institucionalmente estabelecidas para cobrar verdadeiras fortunas em palestras. O processo penal do espetáculo torna-se assim parte essencial da vida cotidiana, acompanhado com frequência por espectadores como um misto de *reality show* e seriado, cujas temporadas são aparentemente inesgotáveis. Afinal, já foi dito que a Lava Jato deve durar para sempre, frase que evoca um *não-tempo* típico de contos de fadas e que é condizente com uma Operação cujos limites são indiscerníveis, sejam eles espaciais ou temporais, como a supercompetência da jurisdição de Sérgio Moro facilmente demonstrou.

O processo penal assim (re)nasce como espetáculo veiculado pela mídia, fonte de entretenimento, consumo e (des)informação. Sua serventia para certo tipo de controle social mostra-se, assim, sem igual, operando como elemento essencial dentro da lógica do capitalismo global e atuando de modo semelhante a outras instâncias, transformando pessoas em consumidores e emoções em produtos.[114] A ideologia assim difundida e ampliada por meio da grande mídia é um fator decisivo para a massificação do fenômeno conhecido como empobre-

---

[114] "O capitalismo é essencialmente um empreendimento cultural nos dias de hoje; sua economia é decididamente de natureza cultural. Talvez mais do ponto de vista da criminologia, o capitalismo contemporâneo é um sistema de dominação cuja viabilidade econômica e política, seus crimes e seus controles, descansam precisamente em suas realizações culturais. O capitalismo tardio comercializa estilos de vida empregando uma máquina publicitária que vende necessidade, afeto e apego muito mais do que os próprios produtos materiais". HAYWARD, K.; FERRELL, J. Possibilidades insurgentes: as políticas da criminologia cultural. *Sistema Penal & Violência*, Porto Alegre, v. 4, n. 2, p. 206-218, jul./dez. 2012.

cimento da subjetividade.[115] Centrado na manipulação do significado e na sedução da imagem, este é um capitalismo decididamente cultural, que transforma tudo em objeto de consumo, formatando as subjetividades individuais para a submissão mercantilizada.[116] Em um mundo no qual o poder é cada vez mais exercido mediante representações mediadas e representações simbólicas, batalhas sobre imagem, significado e representação cultural emergem como momentos essenciais na negociação contestada da realidade tardo-moderna.[117] Nesse sentido, ainda há espaço para guerrilha processual e subversão. Os significados são abertamente disputados em espaços públicos de resistência, que podem redirecionar o processo de sujeição simbólica como subversão engajada, "operando como contradiscurso sobre crime e justiça criminal, que diminui o circuito do significado oficial".[118]

Um contradiscurso é hoje urgente e necessário. Afinal, estamos em tempos pós-democráticos de erosão e desaparecimento de limites ao exercício do poder autoritário.[119] Perturbação intelectual e descortinamento das múltiplas dimensões em que é negociado o significado do real. Esta é a tarefa de uma releitura do processo penal como fenômeno cultural, o que exige comprometimento e uma disposição transgressora para subverter a narrativa oficial. Essas foram apenas as primeiras linhas demarcatórias de seu inesgotável território de possibilidades analíticas, que visitarei novamente no restante deste livro.

---

115 CASARA, Rubens R R. *O Estado pós-democrático*: neo-obscurantismo e gestão dos indesejáveis. Rio de Janeiro: Civilização Brasileira, 2017; TIBURI, Marcia. *Como conversar com um fascista*: reflexões sobre o cotidiano autoritário brasileiro. Rio de Janeiro: Record, 2015.

116 HAYWARD, K.; Ferrell, J. Possibilidades insurgentes: as políticas da criminologia cultural. *Sistema Penal & Violência*, Porto Alegre, v. 4, n. 2, p. 206-218, jul./dez., 2012.

117 FERRELL, Jeff; HAYWARD, Keith. BROWN, Michelle. Cultural Criminology. In: BROWN, Michelle (Org.) *The Oxford Research Encyclopaedia of Crime, Media, and Popular Culture*, Oxford: Oxford University Press, 2017.

118 HAYWARD, K.; FERRELL, J. Possibilidades insurgentes: as políticas da criminologia cultural. *Sistema Penal & Violência*, Porto Alegre, v. 4, n. 2, p. 206-218, jul./dez. 2012.

119 CASARA, Rubens R R. *O Estado pós-democrático*: neo-obscurantismo e gestão dos indesejáveis. Rio de Janeiro: Civilização Brasileira, 2017.

7.
A CRIMINALIZAÇÃO DA ADVOCACIA NO BRASIL

Fui o primeiro intelectual brasileiro a denunciar a *criminalização da advocacia* no Brasil. Você não leu errado. Este é exatamente o nome apropriado para descrever o processo de destruição simbólica da figura do advogado que vem sendo conduzido pela grande mídia nos últimos anos. Certamente essa é uma surpreendente novidade, ainda que condizente com o histórico das últimas décadas.

A indústria que fabrica criminologia midiática prospera como nunca, apesar dos inúmeros danos que provoca. Continua a experimentar uma hipertrofia assustadora, que amplia seu poder para muito além dos limites do que seria aceitável.[120] Sua vocação para a produção de cadáveres é amplamente (re)conhecida: contribuiu de forma decisiva para a disseminação do ódio e comemorou com entusiasmo práticas punitivas que flertavam abertamente com o fascismo, contribuindo diretamente para a ruína da República e derrocada da democracia.

Intencionalmente ou não, essa máquina de fato conspirou contra a própria democracia. Sua formidável aptidão para a destruição de indesejáveis é praticamente inigualável. Reduz pessoas a estereótipos que refletem consolidadas imagens lombrosianas da criminalidade e transforma processos em máquinas de confirmação de abjetas expectativas de punitividade. Arruína de forma irrecuperável a possibilidade de convívio social de quem tem o infortúnio de subitamente tornar-se cliente do sistema penal e contribui abertamente para que essa clientela seja percebida como anormal diante da suposta normalidade de um corpo social retratado como homogêneo, ordeiro e obediente à moral.

Os empreendedores morais que conduzem tais cruzadas são idolatrados por uma parcela significativa da população, que consome uma criminalidade que é vendida como produto e delira com uma crimina-

---

120 ZAFFARONI, Eugenio Raúl. *A palavra dos mortos:* conferências de criminologia cautelar. São Paulo: Saraiva: 2013.

lização que é da ordem do discurso, mas que em muitos casos é a instância decisiva para a determinação do destino dos eventuais acusados. Diante desse cenário, a surpreendente novidade é que a máquina criminalizante veio a desenvolver uma inovação significativa: o processo de reconstrução discursiva por ela promovido passou a se dedicar à criminalização da advocacia.

Dito de forma simples, costumamos pensar em criminalização como a criação e aplicação da lei penal. Sob esse aspecto, poderíamos pensar em criminalização primária e secundária e na seletividade social decorrente da impossibilidade de funcionamento do programa criminalizante para além da mera abstração legal.[121] Evidentemente o que refiro como *criminalização da advocacia* não se enquadra nessa definição: é necessária uma breve releitura do conceito para desvelar o sentido da provocação, o que certamente não é algo inédito.

A noção de criminalização foi ampliada no âmbito da criminologia cultural para abranger também a criminalização de produtos culturais, criadores e consumidores.[122] É comum que expressões culturais que não se conformam aos vetores da estética dominante sejam satanizadas e criminalizadas pela grande mídia. Rap, Heavy Metal, Funk, Histórias em Quadrinhos, Games e inúmeras outras formas de arte foram sistematicamente criminalizadas por um discurso que efetivamente substitui as expressões originais por imagens supostamente dotadas de efeitos criminógenos.[123] A opinião publicada vende assim a ilusão de que a arte deve ser combatida e reacionários culturais ventilam pânico moral como se fosse verdade acabada. O resultado do processo pode ser definido como *criminalização cultural*, que se diferencia da criminalização com sentido estritamente *penal*, ainda que porventura possa conduzir a ela.

As discussões acima referidas já estão consolidadas e integram uma significativa tradição de abordagem criminológica do funcionamento da máquina de trituração do outro que é o poder punitivo. Como também é amplamente (re)conhecido, o poder punitivo é um agente de destruição do diferente. A dissociação entre objeto de persecução

---

121 ZAFFARONI, Eugenio Raul; BATISTA, Nilo; ALAGIA, Alejandro; SLOKAR, Alejandro. *Direito penal Brasileiro – I.* Rio de Janeiro: Revan, 2003.

122 FERRELL, Jeff. Cultural criminology. In: *Annual Review of Sociology* Vol. 25. 1999.

123 Ver KHALED JR, Salah H. *Videogame e violência:* cruzadas morais contra os jogos eletrônicos no Brasil e no mundo. Rio de Janeiro: Civilização Brasileira, 2018.

e o restante da população é parte integrante de sua lógica, uma vez que possibilita que a pessoa reconstruída como inimiga torne-se objeto de aplicação de um aparato que emprega força com uma intensidade que de outra forma não seria aceita. A brutalidade só é aceita porque é voltada contra eles e não contra *nós*. Para isso é preciso difundir a racionalidade binária que opõe a sociedade e seus inimigos, o que tem raízes históricas facilmente identificáveis. O *hostis*, o herege, a bruxa, o homem delinquente e tantas outras figuras demonizadas historicamente mostraram a sua serventia para a logística que governa a agenda de um poder punitivo extremamente seletivo.

Estabelecidas essas premissas, o que testemunhas no Brasil, nos últimos anos, é um fenômeno sem igual, salvo melhor juízo. Trata-se de um intenso processo de destruição da imagem do advogado e de desidentificação de sua figura com a sociedade. Ele é retratado como procurador "deles" e, logo, alguém que está contra "nós". Nesse sentido, a insistência com que é disseminada a imagem demonizada de advogados sugere que a noção de criminalização pode comportar um acréscimo de sentido, uma vez que a representação narrativa que caracteriza o esforço de destruição midiático revela perante o "público" uma figura espúria, movida exclusivamente por seus interesses particulares e de seus clientes. Contratado por criminosos, ele também é de certo modo retratado como agente da criminalidade: conspira para que a "impunidade" prevaleça, obstaculizando a expediente e célere aplicação da justiça, ou seja, a imposição da pena. Por outro lado, "agentes da lei" são retratados como paladinos da justiça que têm a coragem de confrontar os "inimigos da sociedade". Pouco importa a flagrante indistinção de funções e sobreposição de papéis entre investigadores, acusadores e julgadores: o que importa é que todos colaboram para a empreitada comum que é a vitória sobre os acusados e seus "advogados escusos" e discursivamente criminalizados.

Os manifestos que apontam as inúmeras ilegalidades perpetradas em nome do combate aos inimigos eleitos são solenemente ignorados ou ironicamente rebatidos pela maioria da grande imprensa. As denúncias de violações aos direitos fundamentais dos acusados são interpretadas como mera retórica de advogados. O discurso é vilipendiado e os signatários grosseiramente ridicularizados. Muitas vezes os textos também são assinados por professores, promotores, defensores públicos e juízes, mas isso não basta para que não sejam desclassificados como simples manifestações de advogados em um processo específico e, logo, reflexo de seus "interesses particulares". Os "contrapontos" empregados na cobertura jornalística de processos produzem uma ilusão de pluralidade, mas o ponto de vista dissidente da narrativa persecutória é rotineiramente contemplado de forma menos significativa no texto. Trata-se de um consolidado expediente jornalístico de produção de "verdade" pela grande mídia. Tudo isso contribui para a fixação de uma imagem pejorativa da advocacia no imaginário popular, o que pode ou não ser mero efeito colateral, mas inegavelmente produz resultados devastadores, já que ocorre de forma contínua e reiterada.

Parece perceptível que um perigoso nó de forças converge para de forma sistemática aviltar, desprestigiar e aniquilar a própria ideia de defesa, como se ela fosse um obstáculo indesejável para a concretização de uma justiça que é identificada com o poder punitivo. O resultado é visível: a própria advocacia é criminalizada perante a "opinião pública", o que se assemelha ao que referi anteriormente como criminalização cultural, ainda que com efeitos possivelmente muito mais dramáticos. Para a consecução dessa detestável finalidade, uma verdadeira máquina de desinformação é colocada em funcionamento, como ocorreu com Nilo Batista nos primeiros meses de 2016. No entanto, é importante enfatizar que a estratégia não consiste na simples tentativa de destruição da reputação de um único advogado ou escritório de advocacia. A escala é muito maior. Não é a simples retratação demonizada de um advogado específico em um caso particularmente polêmico, ainda que renomados advogados tenham experimentado o sabor amargo do veneno destilado pela criminologia midiática: é a advocacia em si que tem sido vítima de cruzadas morais da grande mídia e até mesmo de entidades representativas de classe, que movidas por um impensado sentimento de solidariedade com pares, tratam os advogados como se inimigos fossem.

Tudo isso é extremamente preocupante, o que aparentemente escapa aos olhos de espíritos menos sensíveis e adestrados pelo fascismo reinante. Pode existir democracia sem possibilidade de resistência? Não exercem os advogados uma função social indispensável, o que inclusive é expressamente definido pelo próprio texto constitucional? A grandeza do advogado não consiste precisamente na sua capacidade para resistir? Para resistir ao verdadeiro maremoto punitivista irracional que se volta contra a liberdade do cidadão e com isso efetivamente barrar a arbitrariedade, como se exige em um Estado Democrático de Direito? Para garantir que a eventual punição não viole as regras do jogo? Não tenho dúvida de que a imensa maioria das pessoas não discordaria, o que vale inclusive para boa parte dos que veiculam o discurso criminalizante. Mas se é assim, como explicar que tantas pessoas tenham sucumbido aos encantos do fascismo reinante? Como explicar que possam diminuir de forma tão explícita a figura essencial do advogado, quase como se lamentassem a sua própria existência?

Creio que uma possível explicação é fato de as pessoas terem sucumbido ao ódio e terem sido colonizadas pela racionalidade binária. O país continua a experimentar uma cisão profunda. O embate político dos últimos anos acirrou os ânimos de tal modo que aparentemente tudo se tornou aceitável para promover a destruição do adversário, que é visivelmente tido como inimigo. Não basta eventualmente vencer. É preciso devastar. É preciso assassinar por completo o inimigo para que não lhe reste nenhuma possibilidade de redenção. Não apenas o seu patrimônio político como também a sua própria pessoa em si mesma e inclusive as que lhe são de algum modo próximas. E para isso nenhum preço a pagar é alto demais. É um utilitarismo desmedido, que despreza completamente a forma e considera qualquer meio aceitável para a concretização do fim esperado. Um utilitarismo que não mostra nenhuma espécie de restrição e não se importa com os destroços que decorrem de sua passagem. Ele arruinou vidas e instituições com impressionante voracidade e velocidade. Pode arruinar a própria democracia, se aniquiladas as garantias dos advogados.[124]

Combater a corrupção não pode equivaler a criminalizar a advocacia, o que potencialmente inviabiliza a própria democracia, que segue sendo corroída a cada dia por um discurso assustadoramente sedutor. Creio que o que sustentei aqui não é passível de desclassificação pelos habituais recursos ao paradigma simplificador. Não exerço a advocacia. Tenho orgulho de pertencer aos quadros da OAB/RS, mas sou apenas um professor e escritor que tem enorme simpatia pela figura do advogado e amor pela democracia.

---

124 VASCONCELLOS, Marcos de; RODAS, Sérgio. *Todos os 25 advogados de escritório que defende Lula foram grampeados*. Em: < <http://www.conjur.com.br/2016-mar-17/25-advogados-escritorio-defende-lula-foram-grampeados>

8.
MEU ÓDIO SERÁ TUA HERANÇA: O STF E A TRADIÇÃO INQUISITÓRIA

O processo penal contemporâneo é uma máquina pulsante de ódio. Geneticamente projetado para a destruição de inimigos eleitos, sua arquitetura nefasta foi capaz de permanecer praticamente intacta por milhares de anos: as reformas realizadas ao longo dos últimos séculos pouco fizeram para colocar em questão a estrutura do edifício.[125] São simples benfeitorias que agregam valor ao espetáculo de sangramento do outro que é o ritual processual penal. Como é notório, ele impõe sofrimento em si mesmo.[126] Projetado para a distribuição de dor, seu sentido muitas vezes consiste na mera confirmação de uma hipótese persecutória previamente acordada entre o acusador e um juiz que também se comporta como se acusador fosse. A sobreposição de papéis e indistinção de funções é um traço marcante de seu amálgama autoritário.[127]

Certamente tudo isso soa bastante familiar para quem conhece as mazelas do processo penal de perto. O império do processo penal do inimigo permanece inabalável: a revolução constitucional geralmente não o alcança. Seu núcleo autoritário demonstra extraordinária resiliência. Blindadas contra oxigenação democrática e conduzidas por magistrados travestidos de vingadores sociais, as práticas punitivas contemporâneas encheriam de orgulho figuras do passado como Eymerich, Kramer, Sprenger, Napoleão e Manzini.[128] Eles e muitos ou-

---

125 KHALED JR, Salah H. A busca da verdade no processo penal: para além da ambição inquisitorial. 3ª edição. Belo Horizonte: Letramento, 2020.

126 CARNELUTTI, Francesco. *Las miserias del proceso penal.* México: Cajica, 1965.

127 Ver MIRANDA COUTINHO, Jacinto Nelson de. O papel do juiz no processo penal. In: COUTINHO, Jacinto Nelson de Miranda (coord.) *Crítica à teoria geral do direito processual penal.* Rio de Janeiro: Renovar, 2001.

128 Ver MANZINI, Vicenzo. Tratado de derecho procesal penal: tomo I. Buenos Aires: EJEA, 1951. Ver EYMERICH, Nicolau. *Manual dos inquisidores.* Rio de Janeiro: Rosa dos Tempos, 1993. Ver Code d'Instruction Criminalle francês de 1808. Ver KRAMER, Heinrich. SPRENGER, James. *O martelo das feiticeiras.* Rio de Janeiro: Rosa dos tempos, 1993.

tros são responsáveis por um legado autoritário que ainda nos acompanha: uma doutrina de ódio processual capacitada para o extermínio ritual de indesejáveis.

Durante muito tempo, a literatura jurídica brasileira deu as costas para a história do processo penal. Simplesmente fez de conta que ela não existia, apesar de tomar emprestados conceitos impregnados de significação fascista. Mas os conceitos também têm uma história. São necessariamente produto de circunstâncias temporais e espaciais, exteriorização narrativa de convicções de pessoas que inevitavelmente são seres-no-mundo e, logo, reféns de sua própria história, que sempre conforma o limite do pensável.

Logicamente, a história não explica tudo. Apontar continuidades autoritárias não significa dizer que tudo permanece como um dia foi, o que seria visivelmente anacrônico. O passado não é simplesmente algo passível de apropriação pelo presente. Não é argila que pode ser moldada conforme a vontade de uma criança que brinca despreocupadamente. Ele está consolidado para sempre. Nada pode fazer com que aquilo que foi deixe de ter sido, assim como nada pode fazer com que volte a ser novamente.

No entanto, isso não impede que o passado venha a ser objeto de disputa de significado no presente. O espectro amaldiçoado do revisionismo histórico sempre pode ser invocado para tentar redimir o irredimível. Em outras palavras, assim como existem aqueles que se dedicam ao empreendimento espúrio de negação do Holocausto, existem aqueles que procuram reabilitar as práticas punitivas da Inquisição. Como se óculos cor-de-rosa pudessem retratar de forma não sangrenta o suplício que ceifou as vidas de centenas de milhares de pessoas. A barbárie da Inquisição é fartamente documentada e consolidada na historiografia contemporânea. Seu histórico de violência não pode ser negado através de meros ornamentos argumentativos. Como parece óbvio, a simples compilação de legislação do final do medievo e da Idade Moderna não é um meio adequado de conhecimento das práticas punitivas do período: a realidade não pode ser conhecida através de dispositivos legais.

Permita que eu ilustre de forma simples o argumento. Vamos supor que uma grande catástrofe faça terra arrasada do que hoje relutantemente chamamos de civilização. Cerca de oitocentos anos depois, um exemplar da CF/88 é encontrado acidentalmente. Ele retrataria de forma adequada o Brasil que vivemos hoje, mofado por ares repletos de ódio punitivista? Parece óbvio que não. Quem dera fosse assim. Não precisaríamos lamentar as violações de direitos fundamentais que são cada vez mais banalizadas e naturalizadas como meros artefatos indesejáveis na paisagem. O descompasso entre lei e realidade é da ordem das coisas. Quem iguala ser e dever-ser de forma tão imprudente projeta sua cegueira normativa sobre um passado banhado de sangue que é irredimível por definição.

Como eu dizia, por muito tempo, a doutrina brasileira bebeu exclusivamente nessa fonte. Cresceu e se fortaleceu com uma dieta de ódio. Muitos autores assumiram abertamente a missão de reprodução ideológica e dogmática da cartilha delineada pelo Código de Processo Penal do Estado Novo de Vargas. Uma leitura atenta demonstra que a Exposição de motivos de Francisco Campos reflete de forma cristalina um programa político-criminal persecutório, estruturado em torno dos postulados definidos séculos antes por Eymerich no *Manual dos Inquisidores*. O CPP efetivamente recepciona o sistema "misto" instalado, em 1808, na França por Napoleão para promover a desejável restauração inquisitória, retomando o espírito autoritário das antigas Ordenações Criminais do século XVII. Ele somente é um "terceiro" sistema no nome.[129] De fato, ele não foi introduzido no Brasil com a intenção de combater bruxas e heresias, propósito para o qual o *Malleus Maleficarum* foi concebido no final do século XV. Os inimigos eleitos foram outros: os opositores da ditadura vigente, que foram perseguidos de forma implacável por um regime que não hesitou em enviar uma judia comunista grávida – Olga, esposa de Prestes – para a Alemanha nazista: o pedido de extradição foi feito pelo governo nazista e aceito pelo Supremo Tribunal Federal. O próprio Getúlio Vargas e o ministro da Justiça, Vicente Rao, assinaram o ato de expulsão. Olga foi executada em uma câmara de gás do campo de extermínio de Bernburg. O questionamento é inevitável: que espécie de Código de Processo Penal poderia ter sido gestado por um regime de exceção como o de Vargas?

Seriam necessárias milhares de páginas para transcrever as barbáries perpetradas pelo Estado Novo contra os vulneráveis naquele contexto político de inspiração fascista. O legado desse aparato jurídico de extermínio permanece assombrando as práticas punitivas contemporâ-

---

129 Ver MIRANDA COUTINHO, Jacinto Nelson de. O papel do juiz no processo penal. In: COUTINHO, Jacinto Nelson de Miranda (coord.) *Crítica à teoria geral do direito processual penal*. Rio de Janeiro: Renovar, 2001.

neas e a própria academia. A paleodogmática brasileira jamais mostrou qualquer restrição ou desconforto ao citar Manzini, arquiteto processual do fascismo italiano, orgulhoso herdeiro da tradição inquisitória italiana que tinha ideias bastante esdrúxulas sobre a presunção de inocência e que permanece de forma velada servindo de inspiração para juristas decididamente avessos ao devido processo legal. Para ele, no processo penal a primazia é da verdade real, de forma que o juiz tem o poder e o dever de convencer-se livremente, ou seja, de obter o conhecimento do fato que melhor corresponda à realidade do mesmo: não está obrigado a fundar sua decisão no que lhe apresenta o Ministério Público e o imputado; tem a faculdade de ordenar e cumprir por própria iniciativa – de ofício – as investigações que considerar úteis para descobrir a verdade real.[130] Segundo Manzini, é equivocado dizer que as normas processuais penais são voltadas para a tutela da inocência, considerando que a inocência deve ser presumida enquanto a sentença condenatória não transitar em julgado; para o autor a presunção de inocência não pode ser sustentada na ideia de que a obrigação de provar cabe ao acusador, pois a prova de delinquência pode ser obtida por iniciativa do juiz e a acusação já está provada em si mesma pelos indícios que a fundamentaram.[131] Não são poucos os autores brasileiros que ainda compactuam com essas premissas e municiam práticas antidemocráticas com dogmática processual penal de colorido fascista.

Sim meus amigos e amigas. Não é alarmismo. As labaredas da Inquisição permanecem acesas. Suas chamas infernais ainda são alimentadas com os corpos objetificados de acusados, apesar da instituição em si mesma ter sido abolida na primeira metade do século XIX. Oitocentos anos depois, o espírito do IV Concílio de Latrão ainda sobrevive. A história das práticas punitivas na Europa Continental conheceu um único intervalo não inquisitorial, que coincide com a derrocada do Império Romano. Preservada por séculos a fio pela Igreja – única instituição romana que sobreviveu ao ocaso de Roma – a epistemologia

---

130 MANZINI, Vicenzo. *Tratado de derecho procesal penal: tomo I.* Buenos Aires: EJEA, 1951, p. 262.

131 O Código Rocco de 1930 inspirou-se na doutrina de Manzini e não consagrou a presunção de inocência, de forma condizente com a anatomia política fascista existente no período. Percebe-se daí o absurdo de fazer deste autor uma orientação dogmática, como se as categorias processuais por ele delineadas pudessem estar desvinculadas de seu projeto político-criminal.

inquisitória ainda reina na Europa Continental e na América Latina, que recepcionou essa devastadora tradição.

A suposição de que a barbárie foi erradicada com o progresso promovido pela modernidade é um devaneio digno da predileção pela abstração em detrimento da realidade. O engenho inquisitório foi revigorado com a chegada da filosofia da consciência e a convicção de que o método seria o caminho para a extração da essência do real, ou seja, para a revelação da verdade. Apesar da frágil sustentação epistemológica, não são poucos os que ainda subscrevem a tais crenças e com base nelas constroem inúmeros artifícios ardilosos para a consecução do tão desejável esforço de busca da verdade, cujo sentido consiste na confirmação de uma imagem previamente eleita de culpabilidade. O malabarismo processual atinge o nirvana com a resignação do processo penal à condição de apêndice do processo civil: uma Cinderela que jamais desfrutou de suas próprias roupas, como bem observou Carnelutti.

Dessa herança de ódio decorrem infinitos problemas, como, por exemplo, o desamor pelo contraditório, a inversão do ônus da prova, a flexibilidade da forma e a consequente minimização das nulidades, o primado das hipóteses sobre os fatos, a interferência do magistrado na gestão da prova, um insaciável apetite cautelar e a ambição de verdade que rotineiramente mata o *in dubio pro reo*.[132] A lista é meramente exemplificativa: a versão completa seria incompatível com um livro de pequenas dimensões.

O fascismo processual que nos foi legado pela história que brevemente referi anestesia a capacidade de pensar. É uma serpente que coloniza o hospedeiro e faz dele refém de um dogmatismo grosseiro, que incapacita o ser humano para a experiência enriquecedora que é o diálogo, ou seja, o encontro com o outro. É preciso vomitar essa serpente.[133] Ela degrada a dignidade de seus próprios devotos. Degenera sua capacidade de compreensão e faz com que não percebam o quanto é violenta a convivência com táticas ritualizadas de extermínio.

A tradição acusatória e democrática é estruturada de forma radicalmente distinta desde as suas bases. Não deposita crença desmedida nas capacidades de acusadores e magistrados; preocupa-se fundamental-

---

132 Por todos: LOPES JR, Aury. *Direito processual penal*. São Paulo: Saraiva, 2016.

133 Ver a introdução de Rubens Casara em TIBURI, Marcia. *Como conversar com um fascista*: reflexões sobre o cotidiano autoritário brasileiro. Rio de Janeiro: Record, 2015.

mente com a possibilidade de resistência do acusado e incisivamente visa coibir a proliferação de indevidos espaços de subjetividade dados a fazer do processo um jogo de cartas marcadas. Para a consecução dessa finalidade, favorece espaços dialógicos e restringe a possibilidade de que o processo não seja mais que um monólogo: vale acima de tudo o contraditório e constrangimento do caráter alucinatório da evidência.[134]

É preciso ser claro para evitar eventuais incompreensões: não recorro ao passado como forma de afrontar inimigos. Não considero que os eventuais adeptos de uma dogmática que degenerou em dogmatismo sejam inimigos. Eu não tenho inimigos, ou pelo menos não considero ninguém como inimigo. Posso ter adversários acadêmicos e políticos, mas não inimigos. Discuto ideias que merecem problematização, já que capacitam o processo para a destruição. Não ataco pessoas. O texto deve ser compreendido como provocação acadêmica: gesto de escrita que visa colocar em xeque ideias assentadas no senso comum fascista em questão. O problema é a falta de diálogo. O fascista é refratário a ele: o ódio o impede de ver, ouvir e sentir. Rejeitar o diferente faz parte de seu modo de ser. Eis o desafio: como conversar com um fascista que se tornou refém de suas próprias convicções e não é capaz de perceber isso?[135]

Viver também é deixar morrer. O monumento processual inquisitório de verniz fascista deve ser destruído e o entulho prontamente removido em nome da consolidação da democracia. O mundo será muito melhor quando todos perceberem que uma epistemologia processual fundada no ódio deve ser abandonada. É uma herança maldita. Quando isso acontecer, as serpentes que defendem o arcaísmo como projeto lamentarão a derrocada do processo penal de extermínio. Eu certamente não estarei entre elas. Somente as viúvas do fascismo poderão extrair alguma satisfação de um cortejo fúnebre tão sinistro.

Escrevi a versão original deste texto em uma semana decisiva para a história recente do país. O STF foi chamado a defender a Constituição e a democracia no dia 17 de fevereiro de 2016. A resposta? *"Me ne frego"*, lema fascista que significa "não me importa". Com essa decisão, a

---

134 Ver CUNHA MARTINS, Rui. *O ponto cego do direito:* the brazilian lessons. São Paulo: Atlas, 2013.

135 Ver TIBURI, Marcia. *Como conversar com um fascista:* reflexões sobre o cotidiano autoritário brasileiro. Rio de Janeiro: Record, 2015.

presunção de culpabilidade praticamente foi oficializada pelo Supremo Tribunal Federal, em apertado 7x4. Estava autorizada e legitimada a prisão a partir da decisão de segunda instância. O Brasil se tornou ainda mais autoritário com essa surpreendente reviravolta de posicionamento, que viola a literalidade de um direito fundamental, a presunção de inocência. Não é dizer pouco. Quem foi capaz de perceber o que a decisão representava, lamentou pelo Estado Democrático de Direito. O fascismo avançava a cada dia. Perdíamos a noção de limite. O STF reafirmava o legado autoritário do processo penal, não demonstrando o menor pudor em aniquilar direito fundamental sob a alegação de "estar ouvindo a sociedade". O desprezo pela presunção de inocência, naquele momento, foi semelhante ao de Manzini. Mais um capítulo da trágica história que aqui relato foi escrito. Tudo levava a crer que deveríamos temer pelo que reservavam os próximos episódios.. O fascismo insistia em nos roubar a esperança. E sem ela é difícil (sobre)viver.

9.
ELES, OS JUÍZES, VISTOS POR UM PROFESSOR

Sou apenas um professor e nunca quis ser nada além de um professor. Mas escrevo sobre juízes. Tenho amigos juízes. Conheço as angústias que atormentam os bons juízes. É sobre algumas delas que irei brevemente refletir. Se porventura o meu modesto texto for de valia para algum juiz ou para alguém que deseja ser juiz, ficarei feliz. É apenas o meu olhar sobre os juízes criminais e nada mais.

O deslocamento para o lugar do outro nunca é um exercício fácil de ser feito. Sempre terá limites inescapáveis. Todos somos filhos da nossa própria história e reféns de uma dada tradição que conforma os limites e as possibilidades da compreensão. Não é por acaso que me inspirei no clássico de Calamandrei, "Eles, os juízes, vistos por um advogado" para escrever este texto.[136] Com isso identifico o objeto da discussão e, simultaneamente, assumo de forma irrestrita meu lugar de fala como acadêmico.

Este capítulo não deve ser interpretado como uma homenagem aos juízes. Não que eles não mereçam uma homenagem. O peso que representa a decisão para alguém que é tão "humano, demasiado humano", quanto qualquer um de nós já justificaria por si só uma homenagem. Afinal, ser juiz é sofrer. Ou deveria ser. Um bom juiz necessariamente sofre. Ele é tocado pela dor do outro e jamais perde a capacidade de se sensibilizar com o sofrimento alheio. Sabe o que representa exercer o terrível poder que lhe é conferido: o poder de penar. Sabe que o processo em si mesmo impõe aflição: é um instrumento de distribuição de dor que se assemelha à guerra.[137]

---

136 CALAMANDREI, Piero. *Eles, os juízes, vistos por um advogado*. São Paulo: Martins Fontes, 1996.

137 Para ilustrar sua concepção dinâmica de processo, Goldschmidt emprega um exemplo de caráter político: durante a paz, a relação de um Estado com seus súditos é estática, constitui um império intangível. Quando a guerra estoura, tudo se

Terrível é o fardo do magistrado. Não tenho dúvida de que é o mais tormentoso dos papéis desempenhados pelos atores do sistema penal. A decisão em si mesma sempre é resultado de uma escolha. E uma escolha sempre tem algo de aposta. Sempre tem algo de ato de fé. Sempre será um salto no escuro. Ela não é produto da onisciência de quem tudo sabe. Pelo contrário. O juiz é um ignorante que deseja saber. Ele é concebido para ser um ignorante. Para ter uma atitude de espanto e admiração diante da surpreendente novidade que representa cada caso que lhe é trazido. E ele jamais saberá o suficiente para erradicar o tormento que representa a dúvida. Triste do juiz que confia demais nas suas certezas e esquece sua falibilidade: não há convicção não contaminada, ou seja, que não contenha um componente de crença.[138]

Como não crê na onipotência da razão, o bom juiz não dorme o "sono tranquilo dos justos", como diz a sabedoria popular: está plenamente ciente de que o seu melhor não basta, nem jamais bastará.[139] Não que ele não tente fazer o máximo que pode: zela pelas regras do jogo do devido processo legal e não se deixa seduzir pelas ardilosas artimanhas do ativismo judicial. No limite de suas consideráveis forças ele atua de forma condizente com sua função, observando a posição

---

encontra na ponta da espada; os direitos mais intangíveis convertem-se em expectativas, possibilidades e cargas, e todo direito pode ser aniquilado em função de não ter sido aproveitada uma ocasião ou ter sido descuidada uma carga; como ao contrário, a guerra pode proporcionar ao vencedor que desfrute de um direito que na realidade não lhe corresponde. Tudo isto pode ser afirmado correlativamente do direito material das partes e da situação em que as mesmas se encontram em relação a ele quando encontram-se em um processo sobre o mesmo. GOLDSCHMIDT, James. Teoría general del proceso. In: GOLDSCHMIDT, James. *Derecho, derecho penal y proceso I:* problemas fundamentales del derecho. Madrid: Marcial Pons, 2010, p. 832.

138 Para Cunha Martins, "[…] ao invés de um processo linear estendendo-se ao longo de dois pólos, a convicção corresponde a um processo de sucessivas tangências e sobreposições, complexo e denso, no âmbito do qual os diferentes componentes do percurso se inter-relacionam e se convocam mutuamente, contaminando a respectiva posição, o respectivo sentido e os respectivos efeitos". CUNHA MARTINS, Rui. *O ponto cego do direito:* the brazilian lessons. Rio de Janeiro: Lumen Juris, 2010, p. 21.

139 Como disse Carnelutti, "assim o juiz, após ter examinado as provas, após ter escutado as razões, após tê-las valoradas, continua a encontrar-se, em realidade, de frente a aquela dúvida, que o seu pensamento não consegue, de nenhum modo, eliminar". MIRANDA COUTINHO, Jacinto Nelson de. Glosas ao verdade, dúvida e certeza, de Francesco Carnelutti, para os operadores do Direito. IN: *Anuário Ibero-americano de direitos humanos.* Rio de Janeiro: Lumen Juris, 2002, p. 185.

receptiva imposta pela arquitetura acusatória e pela Constituição.[140] No entanto, sempre restará uma irredutível margem de incerteza em toda e qualquer decisão, como discuti em *A busca da verdade no processo penal: para além da ambição inquisitorial* (Letramento, 2020). Se essa insuprimível incerteza fosse efetivamente levada às últimas consequências, seria suficiente para paralisar a própria função judicial, por força do in dubio pro reo.[141] Afinal, os "fatos" estão para além das forças dos meros mortais.[142] Para um magistrado ciente de sua finitude,

---

140 Com respeito à prova, o juiz não tem outra função que a de recebê-la, ou seja, com todo rigor, uma função receptiva. GOLDSCHMIDT, James. *Problemas jurídicos y políticos del proceso penal*. In: GOLDSCHMIDT, James. *Derecho, derecho penal y proceso I: problemas fundamentales del derecho*. Madrid: Marcial Pons, 2010, p. 778. Como observou Calamandrei, "A melhor prova da ação purificadora que exerce sobre a consciência do juiz o debate de dois advogados contrapostos, destinados a absorver do ar todas as intemperanças polêmicas para deixar o juiz isolado numa atmosfera de serenidade, é proporcionada pela instituição, no processo penal, do Ministério Público. Nele o Estado criou uma espécie de antagonista oficial do advogado de defesa, cuja presença evita que o juiz se ponha a polemizar com este e, inconscientemente, tome posição adversa ao acusado". CALAMANDREI, Piero. *Eles, os juízes, vistos por um advogado*. São Paulo: Martins Fontes, 1996, p. 127.

141 Segundo Ferrajoli, "A rigor se se pensasse que o juízo penal devesse alcançar a verdade "objetiva" e se tomasse ao pé da letra o princípio do *in dubio pro reo*, as margens irredutíveis de incerteza, que caracterizam a verdade processual, deveriam comportar a ilegitimidade de qualquer condenação e, portanto, a paralisia da função judicial". FERRAJOLI, Luigi. *Direito e razão: teoria do garantismo penal*. São Paulo: RT, 2002, p. 51.

142 Com disse Gascón Abellan, o conhecimento dos fatos em sede judicial foi muitas vezes considerado questão não controvertida. "Os fatos são os fatos e não necessitam de argumentação" poderia ser o lema desta tradição. Ela se caracteriza por uma grande confiança na razão empírica, que torna desnecessária qualquer justificação em matéria de fatos: os fatos são evidentes, e o que é evidente não necessita de justificação, inclusive se tal evidência foi obtida indiretamente, mediante uma metodologia indutiva". GASCÓN ABELLÁN, Marina. *Los hechos en el derecho: bases argumentales de la prueba*. Madrid: Marcial Pons, 1999, p. 7. Ferrajoli refere que a imagem proposta por Beccaria do juiz como investigador imparcial do verdadeiro é absolutamente ingênua. FERRAJOLI, Luigi. *Direito e razão: teoria do garantismo penal*. São Paulo: RT, 2002, p. 46. Para que possa ser compreendida a natureza das decisões com as quais se aceita a verdade processual, é necessário analisar o raciocínio judicial que consiste na aplicação da lei e que nem sequer formalmente tem a estrutura lógica do "silogismo perfeito" imaginado por Beccaria e transmitido pela Escolástica formalista. FERRAJOLI, Luigi. *Direito e razão: teoria do garantismo penal*. São Paulo: RT, 2002, p. 52.

o reconhecimento dessa insuficiência deve inspirar cautela e prudência. Não que ela baste para afastar a possibilidade sempre presente de erro.[143] A instrumentalidade processual penal não tem condições de erradicar completamente o caráter alucinatório da evidência e seu potencial desamor pelo contraditório.[144] Quando o desamor se instala de forma plena, coloca em questão a própria existência do processo enquanto tal.[145] O juiz que não se deixa seduzir por delírios de grandeza privilegia a dimensão dialógica e despreza o monólogo inquisitório, bem como resiste aos encantos da ilusória busca da verdade. O motivo é simples e singelo: a verdade sobre o passado não está ao alcance do ser humano. Ela não é encontrada no processo, uma vez que simplesmente não está lá: ela é produzida analogicamente sob a forma narrativa a partir de rastros do passado, por um juiz que é ser-no-mundo e sempre agregará algo seu, já que não tem como suprimir o próprio eu.[146] Muitos juízes que conhecem pouco além de normas e sua aplicação se surpreenderiam caso se tornassem conscientes da densidade das questões epistemológicas e a notável complexidade dos processos

---

143 Diante disso, como aponta Carnelutti, o risco está em errar o caminho, devido à falibilidade das provas; e o dano é grave, especialmente quando o passado é reconstruído para determinar o destino de um homem. CARNELUTTI, Francesco. *Las miserias del proceso penal*. México: Cajica, 1965, p. 73. O próprio Taruffo reconhece essa dificuldade, ao apontar que os perigos de erros, lacunas, manipulações e reconstruções incorretas dos fatos são particularmente frequentes e sérios, podendo levar a erros substanciais e equívocos dramáticos na decisão final de uma controvérsia. TARUFFO, Michelle. *Simplemente la verdad:* el juez e la construcción de los hechos. Madrid: Marcial Pons, 2010, p. 49.

144 Diz-se *evidente* o que dispensa a prova. Simulacro de autorreferencialidade, pretensão de uma justificação centrada em si mesmo, a evidência corresponde a uma satisfação demasiado rápida perante indicadores de mera plausibilidade. De alguma maneira, a evidência instaura um *desamor do contraditório*. Dotada de semelhante quadro de valências, suposto seria que ela visse blindada a sua participação em qualquer dispositivo crítico ou processual destinado a instituir-se em limite contra a arbitrariedade. CUNHA MARTINS, Rui. *O ponto cego do direito:* the brazilian lessons. Rio de Janeiro: Lumen Juris, 2010, p. 3.

145 Segundo Fazzalari, "é necessário, portanto, para identificar o processo, que haja uma série de normas (e atos, e posições jurídicas) que se reportem aos destinatários dos efeitos do provimento, realizando entre eles um contraditório paritário". FAZZALARI, Elio. *Instituições de direito processual*. Campinas: Bookseller, 2006, p. 119.

146 KHALED JR, Salah H. A busca da verdade no processo penal: para além da ambição inquisitorial. 3ª edição. Belo Horizonte: Letramento, 2020.

lógicos implícitos no mais elementar dos raciocínios dos quais habitualmente fazem uso.[147]

Somente juízes sonâmbulos e completamente desconectados das discussões contemporâneas ousariam pensar de forma distinta.[148] Entre realidade e racionalidade jurídica existe um abismo incomensurável, alargado pela distância intransponível do passado e pelos malefícios de uma (de)formação que potencialmente produz cegueira normativa.[149] Um juiz conectado com o mundo sabe que a vida excede as teorias que a explicam.[150] A matéria não nos pergunta nada nem espera nenhuma resposta nossa. Ignora-nos.[151] A realidade é resistência ou, mais pre-

---

147 IBÁÑEZ, Perfecto Andrés. Los 'hechos' en la sentencia penal. México: Fontamara, 2005, p. 48.

148 Como aponta Ibañez, é lamentável que as práticas judiciais ocorram em certo vazio epistemológico, por falta de conhecimento efetivo das características que as constituem. IBÁÑEZ, Perfecto Andrés. Los 'hechos' en la sentencia penal. México: Fontamara, 2005, p. 48. Para Ibañez, o juiz não se depara diretamente com fatos, mas sim com proposições relativas a fatos; com representações cognoscitivas que denotam algo que ocorreu no mundo real. O processo de conhecimento relativo aos fatos está mediado pela linguagem, o que faz com que exista uma carga de relativismo, incerteza e ambiguidade nesta operação cognitiva. IBÁÑEZ, Perfecto Andrés. Los 'hechos' en la sentencia penal. México: Fontamara, 2005, p. 50. Como aponta o autor, no caso do juiz essa mediação discursiva não se dá como simples descrição do que já existe à margem de sua atividade; trata-se de um processo de reconstrução do fato, reconstrução a que o juiz contribui ativamente, desde dentro: nela está presente toda carga de subjetividade que acompanha qualquer atividade reconstrutiva. IBÁÑEZ, Perfecto Andrés. Los 'hechos' en la sentencia penal. México: Fontamara, 2005, p. 51-52.

149 Ferrajoli refere que as normas conformam [...] uma língua que condiciona transcendentalmente a linguagem operativa do juiz e, por sua vez, sua aproximação aos fatos que devem ser julgados. Equivale assim a um sistema de esquemas interpretativos do tipo seletivo, que recorta os únicos elementos do fato que reputa penalmente "relevantes" e ignora todos os demais. Está claro que esta disposição de ler a realidade sub specie júris gera uma forma de incompreensão, às vezes de cegueira, a respeito dos eventos julgados, cuja complexidade resulta por isso mesmo simplificada e distorcida. FERRAJOLI, Luigi. Direito e razão: teoria do garantismo penal. São Paulo: RT, 2002, p. 48.

150 MAFFESOLI, Michel. O instante eterno: o retorno do trágico nas sociedades pós-modernas. São Paulo: Zouk, 2003.

151 LYOTARD, Jean-François. O inumano. Lisboa: Editorial Estampa, 1997, p. 20.

cisamente, o conjunto de resistências.[152] Ela não se dobra diante da perspicácia dos homens, não importa o quanto sejam – ou suponham ser – astutos. A eventual aprovação em concurso para a magistratura não é um indicativo de poderes sobre-humanos, ainda que alguns magistrados possam se embriagar de tal modo com os aplausos midiáticos que noções como lugar, forma e direitos fundamentais sejam soterradas em nome do gosto pelo espetáculo.[153]

Quando exigirem que o processo seja rápido, sereno deve ser o magistrado. Quando a opinião *publicada* clamar por sangue, deve ele manter a compostura. Quando a reconstrução da imagem do acusado como criminoso estiver consolidada de tal forma no imaginário social que a possibilidade de absolvição parecer quase impossível, deve ele continuar a zelar pela presunção de inocência. Quando o fogo da imprensa marrom for dirigido contra todos os opositores do punitivismo ascendente – inclusive contra os advogados dos acusados e até mesmo os próprios magistrados – deve ele representar uma barreira intransponível contra tudo isso. O juiz deve presidir um ato demarcatório de territorialidade. Deve estabelecer uma fronteira, um limite que um regime de verdade estruturado em torno da opinião moral (ou mesmo da simples probabilidade) não consegue jamais ultrapassar. Contra os arautos da instantaneidade ele produz um hiato, uma demora. Dá tempo ao tempo, permite que o contraditório ocorra. E com paridade de armas. Em igualdade de condições. Com regras claras e definidas. Devido processo legal, que não se deixa seduzir por expectativas que venham de fora, sejam elas de cunho moral ou de qualquer outro cunho. "Será essa uma das suas maiores glórias: pedirem-lhe sangue e ele oferecer contraditório. Recusar-se, perante a pressão para condenar, a afivelar a lógica do carrasco": se diante do clamor popular ele tiver que escolher a impopularidade, que a escolha.[154]

Não há grandeza em sucumbir ao espetáculo. Não há majestade na celebração de um cortejo monstruoso de vilificação que visa confirmar a destruição simbólica de um inimigo previamente eleito. A missão

---

152 HEIDEGGER, Martin. *Ser e Tempo Parte I*. Rio de Janeiro: Editora Vozes, 2005, p. 276.

153 CASARA, Rubens R.R. *Processo penal do espetáculo:* ensaios sobre o poder penal, a dogmática e o autoritarismo na sociedade brasileira. Florianópolis: Empório do Direito, 2015.

154 CUNHA MARTINS, Rui. *A hora dos cadáveres adiados:* corrupção, expectativa e processo penal. São Paulo: Atlas, 2013, p. 98-99.

do juiz consiste precisamente em ser uma fortaleza inexpugnável: em dizer não diante da cólera e irracionalidade alheias. Não porque isso serve ao seu próprio código do que é certo ou errado, mas porque deve ele ser um algoz de tudo que atenta contra direitos fundamentais.[155] Como homem do dique, deve agenciar seus mecanismos de contenção, evitando que as águas transbordem e afoguem o próprio Estado Constitucional de Direito.[156]

O bom juiz sabe que o processo é – e deve sempre ser – contraintuitivo. Ele não é balizado pelas formas espontâneas de pensamento que desconsideram a demora em função da obviedade e do que insistentemente repetido, é assumido como verdade. Ele impõe um hiato – um intervalo – entre o que se diz saber e o que é possível aceitar-se como sabido. Ele recusa presunções infundadas de culpabilidade em favor da exigência de prova.[157] Mas isso ainda não é suficiente. É preciso algo mais: o bom juiz sabe que se o processo é contraintuitivo, a democracia

---

155 Como observa Calamandrei, o juiz [...] não é livre para dar razão a quem lhe dê vontade; senão que está obrigado a dá-la a parte que melhor consiga, com meios técnicos a isso apropriados, demonstrar que a tem. CALAMANDREI, Piero. Direito processual: volume III. Campinas: Bookseller, 1999, p. 223.

156 "O direito penal deve programar o exercício do poder jurídico como um dique que contenha o estado de polícia, impedindo que afogue o estado de direito. Entretanto, as águas do estado de polícia se encontram sempre em um nível superior, de modo que ele tende a ultrapassar o dique por transbordamento. Para evitar isso, deve o dique dar passagem a uma quantidade controlada de poder punitivo, fazendo-o de modo seletivo, filtrando apenas a torrente menos irracional e reduzindo a sua turbulência, mediante um complicado sistema de comportas que impeça a ruptura de qualquer uma delas e que, caso isto ocorra, disponha de outras que reassegurem a contenção". ZAFFARONI, Eugênio Raul; BATISTA, Nilo; ALAGIA, Alejandro; SLOKAR, Alejandro. Direito Penal Brasileiro – I. Rio de Janeiro: Revan, 2003, p. 156-157. Rui Cunha Martins refletiu sobre a brilhante metáfora de Zaffaroni e concluiu que o dique, como limite que é, não funciona sozinho: ele é um mecanismo suscetível de agenciamento, indicando que a metáfora do dique é, em rigor, a metáfora do homem por detrás do dique, que o pode mover num sentido ou noutro, manifestando o lugar autoral que é seu. Segundo Cunha Martins, "o 'dique' é metáfora jurídica, sim; transforma-se, enquanto 'homem do dique' em metáfora política. Eis o que *limite* faz ao direito: diz-lhe a politicidade que carrega". CUNHA MARTINS, Rui. *O ponto cego do direito:* the brazilian lessons. Rio de Janeiro: Lumen Juris, 2010, p. 156.

157 CUNHA MARTINS, Rui. Contra-intuição e processo penal. In: KHALED JR, Salah H. (coord.) *Sistema penal e poder punitivo:* estudos em homenagem ao prof. Aury Lopes Jr. Florianópolis: Empório do Direito, 2015.

é – deve ser – *contramajoritária*. Ela não existe para assegurar o domínio das maiorias. Se esse fosse o seu sentido, em nada ela se diferenciaria de uma tirania. Ela existe exatamente para impedir que os diferentes sejam violentados pelos que se dizem agentes de uma moralidade aparentemente hegemônica. O magistrado não deve assumir para si uma função salvacionista, supostamente exercida em nome da "sociedade". Não é seu dever salvar a República ou uma dada imagem da República por ele eleita como desejável, manejando o poder que lhe é conferido como espada contra as bestas feras que ameaçam a civilização.

Eu não seria um bom juiz. Não seria capaz de condenar. Nunca. Jamais. E a função exige que se condene, quando preciso for. Assim são as coisas no atual patamar civilizatório. Quando o castelo da presunção de inocência finalmente é tomado e não há mais resistência alguma, deve o juiz condenar. Mas ele jamais deve lamentar uma absolvição, o que demonstraria que simplesmente está no lugar errado e provavelmente fazendo a coisa errada.[158]

Sempre digo isso para meus alunos: com os velhos não é possível dialogar. São velhos na idade, na formação e no gosto pelo autoritarismo. Cultivaram por décadas um decisionismo antidemocrático que não cessa de render frutos envenenados. Com eles não há como conversar. Mas nada pode ser pior que um novo *velho*. Nada pode ser pior que aquele acadêmico que tem uma relação utilitária com o conhecimento e que eventualmente se torna juiz apenas para perpetuar as velhas práticas autoritárias e o velho discurso de ódio. Se você deseja ser juiz, ouça meu apelo: Não seja um novo *velho*. E não me interpretem mal: grande parte do que sei aprendi com gigantes que ainda circulam pela Terra. Velhos *novos* em todos os sentidos possíveis e imagináveis. Meus professores, e alguns deles foram ou continuam sendo grandes juízes, como também são grandes juízes alguns dos amigos que a vida me deu e com os quais sigo aprendendo. Essa é a vida de um professor: um permanente estudioso, como todo bom juiz também deve ser. Será essa talvez a glória que temos em comum e que faz com que se aprofundem os laços de amizade e respeito mútuo entre magistratura e academia.

---

158 Como observa Lopes Jr., é preciso abandonar o ranço inquisitório de buscar a condenação: "não são raros os casos em que presenciamos julgadores tomados por um sentimento de fracasso diante da 'necessidade imperiosa de absolver', como se a jurisdição só se efetivasse quando a sentença fosse condenatória…" LOPES JR., Aury. *Direito Processual Penal e sua Conformidade Constitucional*. Rio de Janeiro: Lumen Juris, 2010, p. 506.

10.
ELA, A GRANDE MÍDIA, VISTA POR UM PROFESSOR

A grande mídia brasileira presta diariamente um desserviço ao país: deliberadamente contribui para a detestável dinâmica de distribuição do poder punitivo que celebra a precariedade do atual marco civilizatório da *terra brasilis*. A forma com que é retratada a questão criminal e uma série de outros problemas complexos é simplesmente grosseira, simplificadora e de uma pobreza atroz. O engenho midiático atua como difusor e amplificador de ódio, agenciando uma sinfonia de destruição que contribui diretamente para a catástrofe que são as nossas práticas punitivas.

De Norte a Sul do país, cadáveres são produzidos diariamente com espantosa e extraordinária velocidade. Pobre daquele que tem a vida invadida pelas luzes dos refletores midiáticos: seu convívio social pode ser arruinado de forma irreparável em questão de meras horas. É inteiramente possível que seu eventual processo não seja nada além da simples confirmação de uma "verdade" originalmente produzida e veiculada como expressão da realidade por uma instrumentalidade que não demonstra nenhum pudor diante de direitos fundamentais alheios. Quando empregado com máxima intensidade, o aparato de difusão de ódio atua de forma decisiva para incentivar linchamentos e aniquilar vidas.

Escondida por trás da couraça da liberdade de expressão, a grande mídia estabelece uma verdadeira tirania da comunicação: configura um poder de sujeição simbólica da população que conta com extraordinária capacidade de adesão.[159] Para muitas pessoas, a grande mídia consiste na única e exclusiva dieta de informação. Se de fato ela fosse movida pelo compromisso com os "fatos", a "verdade" e a "imparcialidade" como diz ser, contribuiria de forma significativa para o debate democrático e a para a superação do que pode ser chamado de senso

---

159 RAMONET, Ignacio. *A tirania da comunicação.* Petrópolis: Vozes, 2001.

comum, na pior acepção do termo. Mas o que ela costuma fazer é precisa e exatamente o contrário: propositalmente arruína as próprias condições de possibilidade do debate.[160] O jornalismo brasileiro flerta abertamente com o sensacionalismo e mostra rotineiramente seu descompromisso com a verdade e a imparcialidade.

É claro que os cânones midiáticos de tratamento dos "fatos" e da "verdade" são muito menos rígidos do que os judiciais ou científicos. A própria expressão "imparcialidade" tem seus limites, mesmo dentro dessas esferas. Isso em si mesmo não seria um problema, se não existisse uma intenção deliberada de manipulação, por comunicadores que indiscutivelmente se comportam como empreendedores morais e que, como tais, conduzem cruzadas contra os "anormais".[161] A grande mídia funda e difunde pânicos morais e constrói – muitas vezes diabolicamente – bodes expiatórios que funcionam como cortina de fumaça para problemas reais ou propositalmente inventados.

As abordagens jornalísticas costumam adotar o paradigma simplificador e não têm a menor vergonha disso: simplificam grosseiramente os problemas visando maximizar a inteligibilidade de seu discurso perante um público anestesiado por uma droga que vicia e sepulta a capacidade de pensar e refletir. O que interessa é vender e vender. O esclarecimento público é visivelmente subsidiário diante da estratégia de captura de almas (e bolsos) da coletividade. A grande mídia literalmente fabrica e comercializa um produto: a informação, ou como é comum em muitos casos, a desinformação deliberada.[162]

---

160 Para Octavio Paz, que critica a televisão e o rádio por aumentarem a distância entre quem fala e quem ouve, "o verdadeiro fundamento de toda democracia e socialismo autêntico é, ou deveria ser, a conversação: os homens frente e a frente." Tais meios fortalecem a incomunicação: "deformam os interlocutores: magnificam a autoridade, a tornam inacessível – uma divindade que fala mas não escuta – e assim nos roubam o direito e o prazer da réplica. Suprimem o diálogo." PAZ, Octavio. *Claude Lévi-Strauss ou o novo festim de Esopo*. São Paulo: Editora Perspectiva, 1993, p. 81.

161 BECKER, Howard. *Outsiders:* estudos de sociologia do desvio. Rio de Janeiro: Zahar, 2009.

162 Zaffaroni afirma que existe uma criminologia midiática que pouco tem a ver com a acadêmica. Ela constrói a realidade através da informação, subinformação e desinformação, em convergência com preconceitos e crenças. Seu discurso se baseia em uma etiologia criminal simplista, assentada em uma causalidade mágica. Para ele, sempre houve criminologias midiáticas vindicativas com base na destruição de

A "verdade" produzida pela grande mídia tem aparência de objetividade, mas costuma carregar forte conotação moral, que reflete as predileções políticas de quem escreve textos performáticos com intenção de sujeição simbólica do leitor/espectador. É nesse sentido que a mídia "produz" uma "opinião pública" que é efetivamente condicionada por ela, embora procure passar a impressão de que a representa, como se opinião *publicada* e opinião *pública* fossem coisas equivalentes.

É comum que os meios de comunicação de massa criem ilusões: projetam uma realidade de histeria, o que não é produto do acaso. O programa satanizante veiculado pela grande mídia reflete muitos interesses sociais difusos e, na maioria das vezes, as próprias convicções morais de quem escreve. Afinal, ninguém pode eliminar o próprio "eu" e fazer com que a realidade flua através de seu texto, apresentando resultados verdadeiros e incontestáveis para todos. Quem dirá, então, quando o processo de fabricação da notícia é flagrantemente intencional: informar pode muitas vezes ser algo secundário perto da intenção deliberada de moldar o leitor como se objeto fosse. Reféns de editorias que garantem que toda notícia se conforme ao espectro político adotado pelo jornal, os repórteres que escrevem as notícias "objetivas" são manipulados por um calculado esforço de sujeição do destinatário final da mensagem pré-concebida.[163]

A leitura jornalística sempre parte de um horizonte compreensivo prévio, que necessariamente irá selecionar o que é dito, como é dito e quando é dito, não apenas de acordo com escolhas morais, mas também comerciais: e todos sabem que escândalos vendem. E vendem porque a grande mídia criou um gosto para isso no público, o que sempre interfere na escolha da pauta, muitas vezes de forma decisiva: não apenas no que é definido como noticiável, mas também na forma da abordagem e na seleção dos dados, procurando identificar o que é pertinente ou não para uma "aproximação sedutora" que muitas vezes não privilegia o que é mais relevante para a efetiva com-

---

bodes expiatórios. ZAFFARONI, Eugenio Raúl. *A palavra dos mortos*: conferências de criminologia cautelar. São Paulo: Saraiva: 2013, p. 297.

163 Como observou Zaffaroni, na estrutura de comunicação da sociedade tecnocientífica houve uma mudança da comunicação "entre pessoas" pela comunicação "através dos meios": este tipo de comunicação não se limita a proporcionar uma falsa imagem da realidade, ele produz realidade de acordo com regras destinadas a certos grupos sociais. ZAFFARONI, Eugenio Raúl. *Em busca das penas perdidas*: a perda de legitimidade do sistema penal. Rio de Janeiro: Revan, 2001, p. 132.

preensão dos fatos. O espetáculo é que conta, pois captura a atenção da população.[164]

Para facilitar a difusão do discurso, a grande mídia geralmente costuma "construir a realidade" através de alguns vetores facilmente perceptíveis: a) eleição de um fio condutor como ponto central da questão, ainda que seja apenas um elemento dentro de uma situação complexa; b) simplificação dos aspectos envolvidos para garantir a máxima inteligibilidade da mensagem pelos destinatários, com emprego de relações simples de causa e efeito, inadequadas para fenômenos complexos; c) retratação do problema em torno de um confronto entre o bem o mal, que costuma ser apresentado em termos morais, ou seja, a sociedade contra seus inimigos; d) reiteração de problemas e/ou abordagens semelhantes para reforçar a compreensão desejada; e) recurso a especialistas: o acréscimo de autoridade dado pelo discurso de alguém com experiência na área reforça o "efeito de verdade" da abordagem jornalística; f) contraponto: acentua a máscara de "objetividade" da notícia, apesar de contemplar de forma menos importante no texto o ponto de vista contrário.

A imprensa é um meio de transmissão cultural, que, como tal, transmite uma dada imagem do crime, dos criminosos, da polícia e dos demais atores do sistema penal. As imagens transmitidas são rotineiramente distorcidas com base na intenção de dramatização: a grande mídia literalmente inventa mitos, cujos efeitos são assustadoramente reais.[165] Os argumentos são apresentados como verdades absolutas, o que faz com que a suposta causalidade pareça "natural" e incontestável. Um relativo consenso é construído, salvo para aqueles que se "recusam a ver o óbvio", ou seja, "o perigo para a sociedade que os inimigos representam" e a necessidade de medidas mais duras contra "eles".[166]

---

164 Nesse sentido, segundo Marcondes Filho, "como as mercadorias em geral, interessa ao jornalista de um veículo sensacionalista o lado aparente, externo, atraente do fato. Sua essência, seu sentido, sua motivação ou sua história estão fora de qualquer cogitação." MARCONDES FILHO, Ciro. *O capital da notícia*. São Paulo: Ática, 1989, p. 15.

165 Ver KAPPELER, V.E.; BLUMBERG, M.; POTTER, G.W. *The mythology of crime and criminal justice*. Prospect Heights, IL: Waveland, 2000.

166 Zaffaroni destaca que "a criminologia midiática cria a realidade de um mundo de *pessoas decentes*, diante de uma massa de *criminosos,* identificada através de estereótipos, que configuram um *eles* separado do resto da sociedade, por ser um con-

É claro que o público nunca é um simples receptáculo do discurso da grande mídia, ainda que ela possa ter esse público como objeto. As opiniões dos telespectadores ou leitores nunca refletem de forma perfeita e acabada os discursos jornalísticos, salvo em raras ocasiões. Cada um agrega ao discurso seu próprio universo de significações, fazendo dele algo "seu" ou rejeitando os argumentos com base em convicções previamente existentes. Existe um espaço de resistência ao investimento de sentido, mas é incomum que pessoas pouco esclarecidas consigam esboçar essa resistência. O problema consiste na imensa capacidade de adesão do discurso punitivista, o que é maximizado pela exposição continuada das pessoas a programas sensacionalistas nas últimas décadas. As "soluções para a criminalidade" vendidas por esses programas já estão impregnadas de forma quase irremediável no imaginário social, que foi capturado pelas estratégias de simplificação. Quando todos ao seu redor assumem como consenso as verdades midiáticas, é difícil pensar para além da mediocridade do pensamento simplificador.

No entanto, explicações simples raramente são satisfatórias para a compreensão de problemas complexos. E digo mais: podem inclusive servir para mascarar a verdadeira natureza das coisas e a compreensão de suas possíveis causas.

É preciso dar um basta. A escrita não pode indefinidamente continuar a ser um instrumento de dominação, ainda que historicamente tenha se prestado a esse triste papel e que a televisão tenha intensificado ainda mais a difusão de mensagens violentas e repletas de ódio.[167]

Sou apenas um professor e nunca quis ser nada além de um professor. Não milito na advocacia criminal. Faço parte dos quadros da OAB/RS, mas estou afastado e não exerço a advocacia. Não tenho nenhum

---

junto de *diferentes* e *maus*. Os *eles* da criminologia midiática incomodam, impedem que se durma de portas e janelas abertas, perturbam as férias, ameaçam as crianças, *sujam* por todos os lados e, por isso, devem ser separados da sociedade, para deixar-nos viver tranquilos, sem medos, *para resolver todos nossos problemas*. Para isso é necessário que a polícia nos proteja de seus assédios perversos, sem nenhum obstáculo nem limite, porque nós somos limpos, puros, imaculados". ZAFFARONI, Eugenio Raúl. *A questão criminal*. Rio de Janeiro: Revan, 2013, p. 197.

167 Lévi-Strauss demonstra que a escritura foi propriedade de uma minoria e que não serviu tanto para comunicar o saber como para dominar e escravizar os homens. PAZ, Octavio. Claude Lévi-Strauss ou o novo festim de Esopo. São Paulo: Editora Perspectiva, 1993, p. 79.

interesse particular a defender quando discuto a retratação dos problemas que envolvem o sistema penal pela grande mídia brasileira. Meu interesse na máquina de desinformação que passa por imprensa no país é estritamente acadêmico e, portanto, não há flanco aberto para que o discurso aqui desenvolvido seja desqualificado pelos costumeiros artifícios simplificadores usados pela grande mídia (sempre com honrosas exceções, é claro). Logicamente, muitas dessas críticas poderiam ser endereçadas aos tropeços da grande mídia em escala mundial. Não é uma especialidade brasileira, ainda que aqui o sabor seja especialmente amargo. Como sempre, é apenas o meu ponto de vista. A gente se vê por aqui!

O episódio da condução coercitiva de Lula foi uma espécie de marco para a Operação Lava-Jato. A ilegalidade da condução coercitiva com finalidade de interrogatório somente foi estabelecida pelo STF cerca de dois anos depois. Na época, o debate em torno dessa questão foi vencido de forma exaustiva por todos que abertamente manifestaram sua posição de compromisso incondicional com os direitos e garantias fundamentais. Não faria sentido fazer aqui um balanço das precisas críticas de Geraldo Prado, Rubens Casara, Lenio Streck, Edson Baldan, Aury Lopes Jr., Pedro Serrano, Gustavo Badaró e tantos outros. Caso o leitor não tenha tido contato com a argumentação dos referidos juristas, uma rápida busca no Google facilmente conduzirá aos textos publicados em diferentes portais jurídicos.

Minha estratégia analítica é outra. Discutir o sentido, ou seja, a racionalidade por trás do emprego da medida em questão, seus artifícios discursivos de justificação e a dinâmica midiática de circulação de desinformação sobre o tema. O que refiro como sentido que delineou a ação em questão é relativamente óbvio, uma vez que claramente existia uma intenção subjacente: a condução coercitiva do ex-presidente Lula não visava a sua simples oitiva, já que o convite não foi sequer feito. Ela foi literalmente empregada como recurso para ilegalmente constranger a liberdade de locomoção do ex-presidente durante algumas horas, o que para parcela significativa da comunidade jurídica – surpreendentemente – pareceu algo justificável e aceitável.

Não é tarefa simples tentar compreender as razões que poderiam ter motivado o emprego de um artifício tão questionável e menos ainda as eventuais justificativas por trás de algo tão flagrantemente ilegal. Seria extremamente fácil reduzir tudo a um desavisado maniqueísmo que pouco poderia contribuir para a compreensão da lógica por trás dos movimentos dos vários atores sociais no tabuleiro em questão.

Na época, eu reconheci que era inteiramente possível que me faltasse clareza analítica. Poderia ser difícil demarcar de forma absolutamente precisa os atalhos de uma racionalidade com a qual eu não me identifico e, mais do que isso, me causa náuseas. Minhas predileções processuais penais e democráticas me colocam imediatamente no espectro dogmático oposto da tradição inquisitória que fundamenta tais medidas autoritárias.

Considero que todos os movimentos que precederam a condução coercitiva de Lula demonstram que estava em curso um exercício tático e coordenado, que pela sua complexidade e pluralidade de atores, caracterizava uma economia moral que favorecia inúmeras ilegalidades, esparramada institucionalmente e midiaticamente em diversos campos de atuação.

Explico o que quero dizer com a expressão economia moral, que tomo emprestada – com certo acréscimo criativo de sentido – de um historiador chamado E.P. Thompson.[168] Não seria razoável simplesmente demonizar os vários atores envolvidos na Operação Lava-Jato. A demonização retrataria tais sujeitos como pessoas deliberadamente engajadas em um empreendimento de desestabilização da República, violação da legalidade e comprometimento da própria democracia. Uma abordagem assim seria maniqueísta e simplificadora e pouco auxiliaria a compreender o que movia aquelas pessoas. Os diferentes agentes envolvidos operavam no âmbito de um consenso sobre a finalidade eleita e o que seriam práticas legítimas e ilegítimas para a consecução dessa finalidade. Esse arcabouço ideológico fez com que práticas visivelmente autoritárias fossem percebidas como legítimas e coerentes pelos seus praticantes. Cada passo rumo ao objetivo eleito reforçava os laços de solidariedade e gerava ainda mais coesão dentro de um grupo que trabalhava para um objetivo comum.

Com o passar do tempo, as convenções sociais que conformavam a dinâmica de circulação tática da Operação Lava-Jato fizeram com que os laços entre os protagonistas de diferentes funções se estreitassem. Surgiu assim uma lógica de colaboração e cooperação que inevitavelmente acabou produzindo uma sobreposição de papéis e indistinção de funções, que impulsionou o cometimento de ilegalidades em nome

---

168 Ver THOMPSON, E, p. *Costumes em comum:* estudos sobre a cultura popular tradicional. São Paulo: Companhia das Letras, 1998.

do fim nobre eleito como desejável. Finalmente, para a consecução dessa finalidade, os laços entre os participantes da Operação Lava-Jato e a maquinaria midiática de produção da verdade foram estreitados de forma até então impensável. A grande mídia funcionou como verdadeira aliada da Operação: atuou como seu braço publicitário e contribui ativamente para a obtenção de um apoio popular que foi um elemento essencial para a continuidade da persecução e seu eventual êxito.

A dinâmica cultural que refiro como economia moral de ilegalidades conspirou para produzir uma receita particularmente destrutiva: vazamentos seletivos, violações de direitos fundamentais travestidas como artifícios legais, coberturas tendenciosas e instrumentalidade processual do espetáculo foram alguns dos algoritmos que demarcaram sua assustadora ferocidade. O conjunto de efeitos de sedução e coerção foi tão extensivo e abrangente que uma compilação das medidas empregadas pelo aparato em questão é tarefa praticamente impossível. Olhando em retrospecto, parece cristalina a percepção de que o mecanismo foi propositalmente movimentado e estruturado para a consecução de um objetivo final, que não era outra coisa que a obtenção da joia da coroa: ninguém menos que o próprio Lula. E para isso qualquer medida se tornou aceitável: pouco importava se ela implicava na violação explícita da Constituição ou não. Em sua grande maioria, tenho certeza de que atuavam com a crença de que faziam o que era certo e melhor para o país. E por isso mesmo se mostraram tão perigosos. O empreendedor que conduz uma cruzada moral legitimamente crê que faz o que é certo. Pensa que seu arcabouço moral conforma uma expressão de verdades inequívocas e universalmente aceitas, ainda que elas sejam flagrantemente contrárias ao que outros possam assumir como verdadeiro, constitucional e convencional.

Antes que alguém desqualifique a argumentação como "petralha", "esquerdopata"ou algo do gênero, digo de forma clara: não, ninguém está acima dos rigores da lei. Todos podem e, caso existam fundamentos, devem ser investigados. E eventualmente punidos dentro das regras do jogo do devido processo legal, caso a presunção de inocência deixe de subsistir. Inclusive o ex-presidente Lula, se for o caso. Isso não significa – não pode significar jamais – que o combate à corrupção possa tornar aceitável o descumprimento da Constituição. O meu horizonte não é nem nunca será de defesa incondicional de um político ou partido político em particular. Jamais fui e provavelmente jamais serei filiado a qualquer partido político. A questão é definitivamente outra.

De legalidade. Escrevo isso ciente de que muitos – cegos pela raiva – insistirão que o que motivou a própria escrita do texto é a defesa incondicional que digo não fazer. Mas evidentemente não posso controlar as interpretações alheias, o que está para além das minhas forças.

Feitos os esclarecimentos, penso que a condução coercitiva do ex-presidente Lula comporta pelo menos três possíveis leituras, que são inteiramente complementares:

a. foi uma espécie de ensaio geral para a estocada final, que visou testar as águas da possível reação popular diante de uma eventual prisão propriamente dita;

b. foi uma nítida demonstração de força, cujo sentido consistia na intenção de quebrar o próprio espírito do "inimigo" que claramente era o alvo maior da própria Operação;

c. A intervenção direta no corpo do ex-presidente tinha a intenção de criar condições para o sucesso de uma concepção de "interrogatório" que consiste em uma espécie de jogo no qual o inquisidor tem a intenção de extrair a "verdade" do objeto da inquirição. Nada poderia estar mais distante do que a oitiva como oportunidade de fala para alguém que é objeto de suspeita.

Falarei rapidamente sobre cada uma dessas considerações.

A primeira delas é suficientemente clara. Para uma concepção processual do inimigo que efetivamente integra a "opinião pública" ao exercício da própria jurisdição, é essencial medir a capacidade de reação do adversário, ou seja, testar a sua capacidade de resistência no espaço público, que é assumido como uma frente essencial de batalha para a bem-sucedida consecução do objetivo de combate à corrupção (por mais seletivo que possa ser esse combate, por isso tanto se falou em criminalização seletiva da política). E isso é plenamente justificável ideologicamente (ainda que não juridicamente), o que autoriza o emprego de força, no sentido concreto e simbólico do termo. Uma forma alternativa de pensar essa questão seria explorar o argumento em torno de "técnicas de neutralização", como exploradas por David Matza e Gresham Sykes. Aqui, interessaria especular sobre as justificações subjetivas que os participantes do lavajatismo utilizavam para preservar uma imagem positiva de si próprios... enquanto cometiam inúmeras ilegalidades.[169]

---

169 Ver MATZA, David. SYKES, Gresham. Techniques of neutralization: a theory of delinquency. In: American sociological review, V.22, No. 6 (Dec.1957).

Isso me leva ao segundo ponto, ou seja, ao efeito que se desejava obter com a espetacular demonstração de poder do aparato. A economia moral que referi anteriormente capacita e possibilita uma verdadeira operação de guerra, que emprega estratégias análogas ao conjunto de diretrizes que norteia boa parte das ações militares contemporâneas. As táticas empregadas no "teatro de operações" da Lava-Jato se assemelham ao *Shock and Awe* (Choque e Pavor), doutrina militar conhecida pela intenção de domínio rápido sobre o inimigo, cujo sentido consiste no emprego de força avassaladora e mostras espetaculares de poder para paralisar a compreensão do adversário e destruir sua vontade de lutar.[170] Harlan K. Ullman e James P. Wade, autores da tática Shock and Awe, sustentam que o objetivo da dominação rápida é afetar a vontade, percepção e compreensão do adversário através da imposição de um regime de choque e pavor. Com isso é liquidada qualquer possibilidade de resistência.

Para que o sucesso seja alcançado, é preciso impor a quantidade necessária de choque e pavor para tornar o inimigo impotente, o que exige emprego de táticas voltadas para a obtenção de efeitos físicos e psicológicos. O domínio psicológico consiste na habilidade de destruir, derrotar e neutralizar a capacidade de um adversário resistir: o alvo é a sua vontade, percepção e compreensão.

Não é por acaso que a doutrina do *Shock and Awe* alcançou enorme popularidade: seus autores sustentam que a dominação rápida pode proporcionar de forma mais efetiva e eficiente os objetivos militares ou políticos subjacentes ao uso da força, tornando o adversário completamente impotente. Como referi anteriormente, os efeitos da condução coercitiva de Lula extrapolam o sentido jurídico: visivelmente havia uma intenção política de apreciação de capacidade de reação do adversário e obtenção de apoio junto à população. Não custa lembrar que o juiz Sérgio Moro publicamente sustentou que "[...] esses casos envolvendo graves crimes de corrupção, envolvendo figuras públicas poderosas, só podem ir adiante se contarem com o apoio da opinião pública e da sociedade civil organizada. E esse é o papel dos senhores".

Eu poderia aqui desenvolver uma argumentação desconstruindo a ideia de que deve existir qualquer enlace entre judiciário e opinião

---

170 Harlan K. Ullman e James P. Wade, definem o sentido da estratégia em *"Shock and awe: achieving rapid dominance"*. Disponível em: <http://www.dodccrp. org/files/ Ullman_Shock.pdf

pública, o que é ainda mais grave quando referido por um juiz específico, que conduz um processo em particular. Mas isso fugiria do tópico deste capítulo. Prefiro me ater ao essencial. O fato é que a economia moral a qual ele aderia abertamente permite isso, o que é condizente com o núcleo de pensamento autoritário que faz parte do universo de crenças do juiz em questão.

Foi bem-sucedida a ação? Eu não arriscaria um palpite. Examinar a subjetividade do ex-presidente Lula extrapola o propósito deste texto, como também não há dados empíricos que permitam avaliar seguramente qual foi efeito sobre a opinião pública. Mas tenho certeza de que o leitor consegue perceber a conexão que sugiro aqui como provocação. E ela é ainda mais pertinente quando o enfoque é deslocado para o desenlace midiático da Operação. Existe uma diferença significativa entre as táticas de "Choque e Pavor" militares e as estratégias que foram empregadas pelo complexo midiático-jurídico da Operação Lava-Jato.

A doutrina do *Shock and Awe* indica que o principal mecanismo para obter o domínio é a imposição de condições suficientes de "Choque e Pavor" para convencer ou compelir o inimigo a aceitar metas estratégicas e objetivos militares. Para isso, informações erradas, mentiras, confusão, negação seletiva de informação e desinformação, possivelmente em grandes quantidades, devem ser disseminadas.

De fato, a maquinaria da Lava-Jato empregou táticas análogas, mas com uma diferença substancial: o esforço de disseminação de "informações erradas, mentiras, confusão, negação seletiva de informação e desinformação" foi direcionado à opinião *pública*, que é "produzida" pela opinião *publicada* que conformava o braço midiático da Lava-Jato e deflagrou uma verdadeira operação de inteligência de guerra contra a população que deveria – na medida da objetividade possível – informar. Em última análise isso pode significar que a Lava-Jato tratou a própria população como inimiga: como receptáculo de um discurso violento e que vulnera direitos fundamentais, que como se sabe, não são dos "outros": são de todos nós.

Finalmente, o sentido do interrogatório para a economia moral que explicitei anteriormente. Peço licença ao leitor para recorrer novamente a uma citação de Foucault: o interrogatório está muito próximo dos antigos desafios germânicos. Ele se liga às ordálias, aos duelos judiciais, aos julgamentos divinos, pois o juiz deve submeter o acusado, deve triunfar sobre ele: no suplício do interrogatório objetiva-se obter um "[...] indício, o mais grave de todos – a confissão do culpado; mas é também a batalha, é a vitória do adversário sobre o outro que 'produz' ritualmente a verdade".[171] Como conclui Foucault, "a tortura para fazer confessar tem alguma coisa de inquérito, mas também tem de duelo".[172] O interrogatório conforma um jogo no qual o inquisidor deve triunfar sobre o inimigo tido como objeto do conhecimento. O que o move não é outra coisa que insaciável ambição de verdade, que provoca uma ardorosa curiosidade analítica experimental, como discuti em *A busca da verdade no processo penal: para além da ambição inquisitorial* (Letramento, 2020).

Parece inescapável a constatação de que lá já se percebia uma intenção clara de sacrifício de Lula como cordeiro no altar da pátria. Perdoai-os Senhor, não sabiam o que faziam? Errado. Sabiam. E muito bem. Agiram por ideologia, legitimados por uma economia moral de ilegalidades que a tudo justificava. Aparentemente a próxima "conversa" seria por videoconferência, mas ela acabou sendo cancelada. Inquisidores digitais. Estávamos adentrando o século XXI, finalmente. Quanto mais as coisas mudam, mais permanecem as mesmas. Nero gargalhava enquanto Roma ardia em chamas. O lavajatismo estava disposto a incendiar a República para combater o mal. E com isso, provavelmente foi mais prejudicial a ela do que a própria corrupção que incansavelmente combatia.

---

171 FOUCAULT, Michel. *Vigiar e punir:* nascimento da prisão. Petrópolis: Vozes, 2008, p. 36-37.

172 FOUCAULT, Michel. *Vigiar e punir:* nascimento da prisão. Petrópolis: Vozes, 2008, p. 32.

12.
A RACIONALIDADE BINÁRIA E A RUÍNA DA REPÚBLICA: DERROCADA DA DEMOCRACIA

E eis que tudo se encaminhava para seu final. A história não se repete como *tragédia*, mas como *farsa*. O formidável *insight* de Marx possibilita que o intérprete se coloque em um ponto de vista relativamente privilegiado: o de quem é suficientemente sensível para perceber que o quadro que se desenrolou em 2016 já estava esboçado há muito tempo. Ele consiste na simples confirmação de algo que era muito mais do que uma mera hipótese alcançável: o ponto de chegada representava a consolidação de um esforço meticulosamente planejado de destruição de alvos previamente definidos, sem que existisse qualquer restrição diante dos potenciais efeitos colaterais que poderiam decorrer do eventual sucesso da empreitada. Mas antes que eu possa estruturar aqui um lamento – quase que um *elogio fúnebre* – à democracia que agonizava, é preciso recapitular retrospectivamente – o que é necessariamente um empreendimento falho – as próprias condições de possibilidade do golpe devastador que foi direcionado contra a presidente democraticamente eleita, mas que não atingiu somente a ela e a seu partido.

É preciso que se tenha a dimensão exata do que representava o esforço então em curso: ele também atingiu as instituições a que pertenciam boa parte dos progenitores do golpe, que foi construído a partir do Judiciário, de forma manifestamente ilegal, em clara violação às regras do jogo. E não há democracia sem respeito às regras do jogo. Não há democracia quando as práticas judiciárias não são mais do que argila manipulável conforme as predileções morais e políticas de quem exerce um simples poder discricionário que a nenhum critério objetivo obedece.

Um golpe construído judicialmente é particularmente grave, mesmo para um país com tradição golpista como o nosso. Testemunhamos tempos especialmente sombrios, uma vez que a legalidade democrática não foi violentada pela força das armas ou sequer pela ameaça de emprego dessa força. O ataque partiu exatamente de instâncias que deveriam assegurar sua manutenção e efetividade e que, para isso, devem compreender que sua função é contramajoritária, ou seja, não está na serventia da vontade de uma maioria (ou de uma pretensa maioria), mas na garantia de direitos fundamentais que são essenciais para a sobrevivência da democracia.

Para quem compreende que uma finalidade utilitária justifica qualquer meio, não há problema algum em tudo isso. O que importa é o quanto parecia próxima a estocada final. No entanto, embora essa apreciação superficial fosse predominante em certos círculos, o que presenciamos em 2016 é extremamente grave e produziu uma crise profunda, que afetou de forma drástica a credibilidade das instituições e deixou feridas que permanecem abertas e que são potencialmente irrecuperáveis. Quem não teve o seu bom senso afetado pela disseminação irrestrita da racionalidade binária – que logo discutirei novamente – percebe claramente que estava em jogo algo muito maior do que a permanência de Dilma Rousseff na Presidência da República. Sem dúvida, o segundo mandato de Dilma foi desastroso: mas o impeachment não é um mecanismo apropriado para a retirada de governos ruins ou indesejados por uma parcela da população. Quando se age assim, corremos o risco de destruir um bem muito mais precioso do que qualquer indivíduo ou partido seletivamente etiquetado. Quando as chamas atingem seu máximo esplendor, é pouco provável que não saiam todos chamuscados. A governabilidade pode se tornar uma promessa inalcançável – para qualquer partido ou governante – caso os mesmos pressupostos de enfrentamento político sejam admitidos como aceitáveis para circunstâncias análogas.

Como chegamos ao limiar da destruição mutuamente assegurada? Como deixamos de lado todos os protocolos de legalidade – e civilidade (!) – e atingimos o DEFCON 1 da Nova República e da própria democracia pela qual se lutou durante duas décadas de regime de chumbo de Ditadura Civil-Militar?

Por mais alarmante que tudo isso possa soar, não é exatamente algo sem precedentes. O Brasil tem suas peculiaridades e traços distintivos. Não falo de estereótipos. Existe algo que caracteriza o país muito mais do que os lugares comuns do samba, carnaval e futebol: a tentação autoritária. No Brasil, a exceção é de fato regra, como em poucos lugares do mundo. E a nossa história republicana comprova isso. A legalidade democrática é exceção – "ponto fora da curva" – na normalidade autoritária que caracteriza nossa política, repleta de regimes ditatoriais e rupturas autoritárias. Uma rápida passagem pela história republicana demonstra isso com enorme facilidade. A tentação autoritária sempre esteve presente e não se pode dizer que tenha havido grande resistência ao conjunto de efeitos de sedução que ela emprega. Uma parcela da elite brasileira historicamente demonstrou uma disposição pragmática impressionante. Concordou em abrir mão do exercício do poder político e eliminar ou restringir de tal modo a representatividade que da democracia nada restou além do nome. E fizeram isso sem pestanejar justamente porque o que mais importou (naqueles contextos) foi a manutenção de uma estrutura social excludente e verticalizada, cujo sentido consistia na permanente sujeição dos desfavorecidos diante daqueles que pelo seu capital político, econômico e social tinham maiores condições de formatar e reformatar as regras do jogo.

Portanto, temos aí um primeiro ingrediente: existe uma verdadeira tradição de aceitabilidade de deformação/destruição/usurpação das regras do jogo e do próprio poder político. Ela torna racionalizável essa saída quando o jogo não transcorre de acordo com a vontade de certos grupos, que não hesitam em empregar esse detestável recurso.

Como referi anteriormente, a forma que o golpe assumiu naquela conjuntura tem uma especificidade: ele foi fundamentalmente construído a partir do Judiciário, ainda que o Legislativo tenha sido o algoz responsável pelo derradeiro gesto golpista. Discuti anteriormente como a tradição inquisitória capacita o processo penal para o extermínio de inimigos eleitos, uma vez que dá ao gestor da prova – o inquisidor – a possibilidade de confirmação de hipóteses previamente estabelecidas. Conectei historicamente o que chamei de processo penal de extermínio aos parâmetros sistematizados por Eymerich no Manual dos Inquisidores, ao Código de Instrução Criminal de Napoleão, ao universo dogmático fascista de Manzini e – como não poderia deixar de ser – ao Código de Processo Penal brasileiro do Estado Novo de Vargas. Demonstrei como uma tecnologia repleta de ódio é uma espécie de legado do passado: como sua tradição foi transmitida de geração a geração, sempre preservada em nome da utilidade que representa o aparato processual para o esquadrinhamento da realidade. Mostrei inclusive que essa tecnologia foi recepcionada pelo próprio STF recentemente. Ao fazer isso, não relatei nenhuma novidade: trata-se de uma discussão consolidada na literatura processual penal comprometida com a democracia e com o sistema acusatório, que é necessariamente um de seus sustentáculos. Embora um sistema processual não possa ser definido (somente) com base em seu índice democrático, a conexão entre sistema acusatório e democracia é mais do que visível, salvo para desavisados ou para quem intencionalmente nutre desprezo por ela.

A tradição que relatei já é suficientemente destrutiva por si só. Mas seu potencial para aniquilação de corpos foi elevado geometricamente com a introdução da lógica espetacular, que convocou a própria população para o rito de destruição, provocando efeitos colaterais cuja extensão ainda é verdadeiramente imprevisível. Para a consecução da finalidade de comoção popular, o papel da grande mídia foi essencial e contribuiu decisivamente para a extensão do processo de deformação ilegal a que foi submetido o que deveria ser um mecanismo de redução de danos: a instrumentalidade processual penal.

A questão que imediatamente surge – e que foi discutida por muitos autores – é se o processo penal pode salvar uma democracia percebida como debilitada, ou mais especificamente, uma democracia corroída por um fenômeno que não consiste exatamente em uma "crise" contemporânea. Pode o processo exorcizar um fenômeno de longa duração, que possivelmente é constitutivo e não tem como ser extirpado do Estado, ou seja, a corrupção? Para o alcance dessa finalidade, pode ele ser submetido a um intolerável nível de deformação ilegal, que faça dele nada mais que um meio para um fim definido como desejável, por mais sedutor que tal fim possa parecer? Pode o processo desempenhar de forma competente tão nobre missão?

Muitas pessoas acreditaram que sim, embora acreditassem de uma forma bastante peculiar: supunham que a corrupção era um atributo exclusivo de um dado grupo de pessoas, ligadas a um partido específico – o que foi manifestamente desmentido pela realidade das próprias investigações – e com isso estavam dispostas a apoiar quaisquer medidas potencialmente capazes de extirpar o câncer que assolava a nação. Que a população em geral possa pensar dessa forma não é algo necessariamente assustador e surpreendente: não há uma compreensão aprofundada do que é cidadania, o que é em grande medida pode ser atribuído ao quanto é recente a discussão e implementação de direitos civis no país. O grande problema ocorre quando as próprias instituições passam a operar com base nessas diretrizes. Não somente como receptoras dessas expectativas punitivistas, mas como efetivamente produtoras de forma ativa das expectativas em questão, o que somente foi possível através de uma aliança entre esferas judiciais e midiáticas, o que facilitou a disseminação de uma economia moral de ilegalidades que simplesmente tornou tudo possível no processo.

Portanto, o segundo ingrediente consiste na recepção de uma tradição autoritária de processo penal, na maximização de seu potencial de destruição com o acréscimo da dinâmica espetacular e, finalmente, na elevação do potencial danoso do aparato pela compreensão de que ele é um meio adequado para o combate à corrupção mediante uma desavisada aliança entre esferas judiciais e midiáticas, que se sentem legitimadas por uma economia moral que permite a prática de ilegalidades para combater outras supostas ilegalidades.

Apesar de tudo que relatei, creio que nada disso seria possível sem que a racionalidade binária tivesse alcançado um nível de disseminação absolutamente inédito e surpreendente. O país permanece refém de um pensamento simplificador que acirra ânimos, constrói polaridades e faz de seres humanos caricaturas que simplesmente odeiam imagens demonizadas de inimigos que se encontram no lado oposto do espectro político.

Faço aqui um *mea culpa*. A academia é parcialmente responsável pela disseminação da racionalidade binária. Não diretamente, é claro. Mas nós decidimos que o confinamento na torre de marfim acadêmica era algo aceitável e até mesmo desejável. Enquanto isso, uma pseudointelectualidade canalha vigorosamente se dedicou ao empreendimento de adestramento moral da população, através da disseminação de uma cultura fascista de desprezo pelo outro, o que vale para qualquer um que seja minimamente diferente. Basta o desvio de um dado padrão do que é moralmente aceitável para que a pessoa possa se tornar objeto de um discurso abjeto de ódio, que não se assemelha sequer remotamente a uma direita intelectualmente respeitável, como discuti anteriormente.

O discurso de ódio atingiu um alcance tão gigantesco que a mera condição de aliado circunstancial de quem é vítima de uma ilegalidade já basta para fazer da pessoa nessa condição receptáculo do mesmo ódio. Dito de outra forma, não defendo o PT, Lula e Dilma senão circunstancialmente, no âmbito do combate à proliferação irrestrita de ilegalidades cometidas por aqueles que os perseguem fora dos ditames legais. Minha defesa é da legalidade democrática, o que significa defender a todos, inclusive aqueles que não percebem que se tornaram reféns de uma racionalidade binária que mata a própria possibilidade de pensar. Não enxergam que o aparato pode ser voltado facilmente contra eles próprios. A extensão do ódio é tão grande que a criminalização da advocacia se tornou algo aceitável – pela lógica do ódio circunstancial –, ainda que o seu exercício seja fundamentalmente indissociável da democracia e sua fragilização a comprometa quase que irremediavelmente.

Portanto, o terceiro ingrediente é o discurso de ódio que instala a racionalidade binária. Ele cegou quase que completamente as pessoas e impediu que elas percebessem o que de fato estava em jogo. Não vejo motivo para reiterar aqui as críticas sobre as inúmeras ilegalidades que envolveram a condução coercitiva de Lula, bem como o grampo e vazamento seletivo de telefonemas com intenção de influenciar a "opinião pública" e assim por diante.[173] As ilegalidades são tão visíveis, claras e cristalinas que não é necessária uma demonstração. Mas isso não impediu que valorosos professores empreendessem esforços nessa direção, literalmente desenhando de forma clara a extensão do que representavam as violações. Para uma leitura nesse sentido, sugiro o formidável texto de Geraldo Prado.[174] Devo também recordar que o argumento da "obstrução de Justiça" para justificar a suspensão da nomeação de Lula não resiste a um exame minimamente racional.[175] O STF foi extremamente rigoroso no julgamento do chamado Mensalão e a prerrogativa de foro equivale a julgamento por instância única. E Lula não era sequer acusado: não havia ainda um processo. Pelo contrário. O episódio escancara o que já era facilmente visível por olhares que não estavam poluídos pelo ódio: grande parte das práticas que envolviam o circo midiático-processual do lavajatismo eram flagrantemente ilegais.

Hoje, como ontem, é preciso dar um basta em atitudes que deliberadamente estimulam o conflito social e potencialmente podem causar inúmeras mortes. O preço de tudo isso pode ser muito, muito elevado. A democracia não pode conviver com práticas absolutamente ilegais e que nitidamente decorrem de juízos morais. A credibilidade das próprias instituições a que pertencem foi afetada, o que é extremamente perigoso para a sobrevivência do regime democrático. Os responsáveis

---

173 Para um apanhado dessas críticas ver CANÁRIO, Pedro; VASCONCELOS, Marcos de. *Sérgio Moro divulgou grampos ilegais de autoridades com prerrogativa de foro.* Em: <<http://www.conjur.com.br/2016-mar-16/moro-divulgou-grampos-ilegais-autoridades-prerrogativa-foro>.`

174 PRADO, Geraldo. *Por que um juiz jogou às favas os escrúpulos e divulgou interceptações telefônicas ilegais?* Em: <<http://justificando.com/2016/03/17/por-que-um-juiz-jogou-as-favas-os-escrupulos-e-divulgou-interceptacoes-telefonicas-ilegais/>

175 SAFATLE, Vladimir. *O suicídio da Lava-Jato.* Em:<<http://www1.folha.uol.com.br/colunas/vladimirsafatle/2016/03/1751218-o-suicidio-da-lava-jato.shtml>

por essas irregularidades devem enfrentar as consequências de seus atos.[176] É o que a legalidade impõe e exige. O corporativismo deve ser deixado de lado. Certas iniciativas envergonham a magistratura e o Ministério Público e não representam de modo algum a envergadura e a dignidade dos juízes, promotores e procuradores brasileiros.

Ainda sentimos os reflexos do "câmbio paradigmático" que surgiu com a Lava-Jato. Os limites do que é ou não aceitável para um magistrado foram esticados até o ponto de ruptura. A corrosão institucional é incalculável. Existe um limite de deformação suportável pelas instituições democráticas. E ele foi irresponsavelmente ultrapassado. Os piores temores de todos que lutam por um processo penal de corte acusatório e democrático de fato se materializaram diante dos nossos estarrecidos olhos. A convivência com ilegalidades nos conduziu ao que parecia anteriormente impensável: sucumbimos novamente à tentação autoritária.

Pode a democracia acabar assim? Não com uma explosão, mas com um lamento? A hemorragia ainda persiste, até hoje. Eis a farsa desvelada: o que foi anunciado como promessa de salvação sangrou a democracia, que segue agonizando e acumula ruínas a cada dia, queimada na fogueira de vaidades dos devotos da racionalidade binária. Apostaram irresponsavelmente no autoritarismo, o que fez com que o estado de polícia crescesse cada vez mais. Desprovido de controles, ele ameaça engolir a própria República. Engolirá a todos, tanto os bestializados quanto os que não são reféns de formas precárias de ideologia.

O pensamento simplificador sempre produziu cadáveres. O ódio que ele provoca sempre causa destruição. Dessa regra não há exceção e não há escapatória. Ninguém flerta impunemente com o desastre e sai ileso para contar a história da façanha. Entrar em uma ditadura – mesmo que velada – sempre é fácil. O caminho pode ser banalizado subjetivamente e a construção do golpe, um esforço rotineiro do dia a dia. Mas sair dela não é tarefa fácil. Pode levar décadas.

A ditadura ainda não se efetivou, mas precisamos reencontrar nosso caminho, antes que seja tarde demais.

---

176 Ironicamente, após 42 adiamentos, Deltan Dallagnol escapou de processo administrativo disciplinar no CNMP. Justamente ele, que havia afirmado que a prescrição "facilitava a impunidade". Sua sorte não foi diferente da de Sérgio Moro, que cometeu crime divulgando conversa particular que envolvia autoridade com foro privilegiado e "pediu desculpas" para o STF… como se isso representasse uma nova causa de extinção da punibilidade.

13.
MORO DAS LAMENTAÇÕES: TRAGÉDIA DO JUIZ QUE PENSAVA SER UM DEUS[177]

Feche os olhos e imagine por um instante que você detém os poderes de uma divindade. Você narra a partir de um ponto de vista privilegiado, que consegue discernir com clareza incomparável a complexidade da realidade e sua conexão com a normatividade. Suas decisões não fazem mais do que refletir os fatos de forma perfeita e acabada, sem qualquer nível de distorção: são simples meios de exteriorização de uma convicção que jamais conhece qualquer falibilidade. Essências são extraídas de coisas e pessoas com incomparável facilidade: realidade e alteridade se curvam diante de seu método de revelação da verdade.

Você é firme e obstinado em seu propósito. Enviado pelos céus e movido por energias extraídas do além, sempre mantém os olhos fixos no grande prêmio e jamais se desvia da trajetória inicialmente delineada. Para você, a magistratura é sacerdócio; uma profissão de fé conduzida pelo mais nobre dos propósitos: extirpar o mal do mundo, em nome do bem da sociedade.

Sua vida é cruzada. Seu ritual é uma prática contínua de zelo pelo bem comum. Senhor de todas as certezas, lorde de todos os soldados, você faz do trabalho diário um empreendimento de enfrentamento constante contra o mal. Higienizar o país é seu destino e o triunfo, algo certo e inevitável. Palavra da salvação: toda honra e toda glória, agora e para sempre.

Você é objeto de louvor alheio. As pessoas ostentam seu nome em camisetas, adesivos e cartazes. Seu estandarte tremula de Norte a Sul do país: você é reconhecido como salvador e extrai energias de seus

---

[177] Este texto foi escrito em 01/04/2016, duas semanas após Moro ter vazado conversa que envolvia autoridade com foro privilegiado (a conversa entre Lula e Dilma por telefone) e dois dias após ter "pedido desculpas" ao STF, negando motivação política. O texto, publicado no Justificando, está com 216 mil compartilhamentos (acesso em: 27/08/2020).

devotos. Obtém deles forças para intensificar ainda mais o combate contra o inimigo. Seu poder cresce a cada dia que passa. Ele faz de você uma divindade onipotente e, logo, capacitada para erradicar a maldade que aflora no mundo. Não é de se estranhar que você aprecie cada vez mais a atenção que lhe é dada. Opinião pública e opinião publicada parecem ter por você uma irrefreável paixão, absolutamente profunda e massivamente sedimentada. Você se sente tocado por ela e faz questão de manifestar seus sentimentos para todos que incansavelmente o bajulam. Nem por um instante sequer você considera que possa estar equivocado. Que alguém insinue que você atua como veículo para difusão de ódio é logicamente uma leviandade.

Mais do que um mero mortal, sua existência transcendeu o plano terreno: as regras aplicáveis aos demais não valem para você. Continuamente estimulado e jamais coibido, você saboreia a delícia do poder ilimitado que lhe é conferido. De fato, você acredita que um juiz pode voar: nem mesmo o céu é limite para a sua audácia. Sua vaidade atinge patamares gigantescos: nem mesmo a segurança de seus próprios devotos parece lhe importar. Você propositalmente desconsidera qualquer limite normativo ou ético que possa comprometer o fim que lhe é caro. Utiliza sem o menor pudor os meios que lhe são conferidos para divulgar a irrecusável verdade de sua palavra. Caso venham a ocorrer, danos colaterais não serão nada mais do que perdas aceitáveis para a consecução da meta perseguida. Sua onisciência não permite qualquer vazio. O interesse público lhe é transparente: não pode ser nada além de um reflexo de sua própria vontade, que, ao final, subjugou completamente a realidade.

E assim seria, se ele, o limite, não promovesse uma alucinada reviravolta no roteiro previamente estabelecido por sua santidade. De forma inesperada, uma vertigem democrática surge no horizonte para usurpar o frágil solo moral no qual assentava sua autoridade, destruída como castelo de cartas por um relâmpago de legalidade.

Sua onipotência não era mais que delírio e devaneio. Complexo de grandeza e abuso de autoridade. Possível prática de crime e flagrante ilegalidade. O destino parece ter lhe pregado uma terrível peça: suas razões não são mais do que pálidos reflexos de uma contaminada subjetividade. Vitimada pela própria arrogância, cai por terra a insustentável identificação com o bem da sociedade. Tragédia até então impensável. Quem dizia que falava por todos falava por si mesmo: refém da própria e indevidamente atribuída discricionariedade.

Resta o lamento dramático e a entrega narrativa da própria dignidade, corroída pelo esforço impossível de legitimar uma indefensável ilegalidade. Esgotada sua serventia, desvelada a humanidade, resta a você o papel de cordeiro: passível de ser sacrificado no altar do próprio autoritarismo, ainda que mostre incredulidade diante dessa possibilidade. Talvez a sorte seja generosa e você apenas caia na obscuridade. Lamento de um Moro, Moro das lamentações. Equivocado até o final, ainda lhe escapa a ideia de impessoalidade. A Tragédia de um Moro é a morte metafórica de uma pseudodivindade. Que ela descanse em paz. A democracia agradece.

14.
O DISCURSO DE ÓDIO E A (IM) POSSÍVEL RETOMADA DO LIMITE

Quando escrevi originalmente este texto, estava sob efeito de uma contagiante sensação de euforia. Cercada por todos os lados pelo autoritarismo de ocasião e levada às cordas por gente que despreza a democracia, a legalidade finalmente tinha reagido. A importância do gesto em nome do restabelecimento da normalidade democrática era gigantesca: a obscena inconstitucionalidade da decisão de Moro sobre os telefonemas de Lula com autoridades com prerrogativa de foro foi incisivamente afirmada na decisão do ministro Teori Zavascki, do Supremo Tribunal Federal. Considerando que Zavascki utilizou a "opinião pública" para justificar a violação da presunção de inocência – como discuti no capítulo 8 –, isso é particularmente significativo e demonstra a extensão da ilegalidade cometida: todo e qualquer limite minimamente aceitável foi ultrapassado.

Os dias que sucederam ao vazamento ilegal de conversas entre Lula e Dilma foram de intenso sofrimento para os estudiosos do processo penal e os amantes da democracia: o nível de deformação da legalidade imposto por um magistrado que tomava decisões que não eram mais do que um reflexo de sua própria subjetividade extrapolou completamente o limite suportável pelo devido processo legal e pela própria democracia. Não exagero quando digo que o Estado Democrático de Direito simplesmente ruía diante de nossos olhos: um magistrado propositalmente estimulou o conflito social e se valeu da imprensa golpista para divulgar publicamente trechos selecionados de conversas privadas que envolviam autoridades com prerrogativa de foro.

Como discuti anteriormente, a mídia não é um simples espelho da realidade. A estratégia consistiu em muito mais do que uma simples divulgação: as falas recortadas foram devidamente acompanhadas de discursos performativos e criminalizantes, repletos de conotação moral. A argumentação foi construída como efeito de sedução para efetivamente capturar a consciência da população e assegurar que ficasse cristalizada no imaginário social a ideia de que um grave crime contra a República havia sido tramado. Não tenho dúvida de que naquele fatídico dia o processo penal do espetáculo atingiu um novo patamar: o de promíscuo estado da arte autoritário e populista. A grande mídia efetivamente difundiu discurso de ódio e operou como relações públicas de setores golpistas que atentam contra a democracia: praticamente chamou o povo às ruas, legitimada pela sua própria e distorcida economia moral. Não só as falas não poderiam ter sido divulgadas, como nelas não havia absolutamente nada de ilegal: a única ilegalidade existente é a própria divulgação em si mesma, o que obviamente não foi percebido por uma população que desconhece os caminhos da normatividade. A estratégia obteve considerável dose de sucesso e os resultados poderiam ter sido catastróficos. O discurso de ódio simplesmente tomou conta do sistema penal de forma absolutamente inédita: ele funcionou como mecanismo para irradiação de racionalidade binária. O ódio potencialmente poderia ter funcionado como incitamento à violência: a extensão da contaminação era incalculável. A continuidade desse tipo de iniciativa poderia levar o país a uma guerra civil, ou algo muito próximo dela.

Tudo isso já seria suficientemente estarrecedor. Mas ainda houve pelo menos mais um episódio verdadeiramente surpreendente: ministros do Supremo se pronunciaram sobre o conteúdo das gravações ilegais. Permitiram que sua racionalidade jurídica fosse afetada pelo discurso de ódio difundido pelo complexo jurídico-midiático da Operação Lava-Jato. Lewandowski e Celso de Mello efetivamente comentaram publicamente o diálogo entre o ex-presidente Lula e a presidente Dilma: rebateram a "acusação" de covardia, cujo conhecimento foi obtido através do vazamento divulgado pela imprensa. Celso de Mello afirmou que o pensamento é uma "reação torpe e indigna, típica de mentes autocráticas e arrogantes, que não conseguem disfarçar o temor do império da lei e de juízes livres e independentes".[178] Mais contido, Lewandowski apontou que "O Supremo jamais esteve acovardado. A história do Supremo é de coragem e protagonismo, respeitando a Constituição nos momentos de crise".[179]

---

178 RODAS, Sérgio. *Celso de Mello rebate afirmação de Lula segundo a qual STF estaria acovardado.* Em: < http://www.conjur.com.br/2016-mar-17/celso-mello-rebate-afi rmacao-stf-estaria-acovardado>

179 FOLHA DE SÃO PAULO. *'O STF jamais esteve acovardado', diz Lewandowski em resposta a Lula.* Em: < http://www1.folha.uol.com.br/poder/2016/03/1751453-o- -stf-jamais-esteve-acovardado-diz-lewandowski-em-resposta-a-lula.shtml>

Declarações bastante contundentes, sem sombra de dúvida. Mas certamente elas não contribuíram em nada para o necessário e urgente arrefecimento de ânimos. Alguém pode perguntar: qual seria o comportamento adequado para um ministro do Supremo nestas circunstâncias? A resposta me parece óbvia: que não fizesse qualquer juízo público sobre conversas a que ele jamais poderia ter tido acesso através de redes de televisão, ou seja, que declarasse que o juiz de primeiro grau deveria ter enviado os autos do processo para o Supremo para que ele decidisse sobre a eventual cisão. Um ministro do Supremo não deve se pronunciar sobre o conteúdo de conversas divulgadas ilegalmente, ao arrepio da jurisdição do próprio Supremo. Simplesmente não é aceitável que no âmbito do STF seja feito qualquer juízo moral público com base em conversas ilegalmente vazadas. É o que exige a fronteira entre direito e moral. Ela não pode ser algo indiscernível, ou seja, um borrão ultrapassado conforme conveniência, oportunidade ou desejo de "convencer a sociedade".

Surpreendentemente, as inegáveis ilegalidades estavam sendo discursivamente suplantadas com base no conteúdo das declarações, o que é simplesmente incompatível com a função de limite – contramajoritário, como já discutido – que o Judiciário deve desempenhar. Mesmo que as manifestações não tenham sido parte integrante de atos legais, parece inescapável a conclusão de que novamente o Judiciário estava contribuindo para o acirramento de tensões sociais, sucumbindo ao clima de ódio reinante.

Os capítulos finais dessa história ainda estavam por ser escritos. O leitor sabe o rumo que as coisas tomaram e terá suas próprias conclusões. Mas uma coisa já parecia suficientemente clara: o que pode ter sido a derradeira tentativa de agenciamento da população sob o pretexto de atender ao "interesse público" caracterizou uma ilegalidade e uma inconstitucionalidade flagrante. É absolutamente ilegal que conversas que envolvem autoridades com prerrogativa de foro tenham sido divulgadas da forma como foram por um juiz de primeiro grau. É absolutamente ilegal que um juiz tenha atuado como gestor de um teatro de operações de guerra que pode produzir danos colaterais imensos: não só para a democracia, como para eventuais vidas que poderiam ter sido perdidas em virtude do conflito social deliberadamente instigado pelo complexo jurídico-midiático da Operação Lava-Jato. Como mostrei no primeiro capítulo, tudo isso remete tradição inquisitória: a forma é matéria completamente manipulável de acordo com o fim pretendido. E isso absolutamente contraria as noções mais básicas de legalidade, que são deixadas de lado em nome da reiteração de um abominável legado de ódio processual.

Não é aceitável que possa prosperar uma racionalidade que elege um fim como desejável acima de tudo, não importando o preço a pagar. Não é aceitável que o Judiciário atue como instrumento de disseminação de ódio, colocado a serviço de uma agenda nitidamente golpista, que tornou o país e a democracia refém da vontade de um único juiz. Perceba que não falo especificamente do mandato de Dilma ou da pessoa de Lula e sua eventual posse como ministro, mas sim das consequências que a assunção dessas premissas poderia provocar a longo prazo no processo penal. É uma escolha irrenunciável entre o que se quer e o que jamais pode se querer, a não ser que a derrocada da democracia seja uma escolha aceitável. O peso que a decisão de Teori representou – no contexto de explícito incitamento ao ódio pela grande mídia – não pode ser subestimado. Ela efetivamente traçou um limite do que é aceitável no processo em nome do espetáculo e do agenciamento da opinião pública. Mesmo que tenha sido uma decisão monocrática, ela contribuiu para obstaculizar um cambio paradigmático que se aceito/legitimado poderia conduzir o país ao abismo.

A luz da legalidade democrática brilhou forte no Brasil na noite de 22 de março de 2016. Muitos de nós estávamos fartos de tanto ódio. Parecia haver razão para termos esperança de que dias melhores viriam, mas infelizmente, não foi assim. A legalidade democrática entraria em coma por um longo período nos anos seguintes, nos quais o STF tolerou mais violações do que a nossa jovem República poderia suportar.

O que acontece quando uma força irresistível encontra um objeto irremovível? O paradoxo da onipotência exige que um dos dois tenha que ceder. Se a força é verdadeiramente irresistível, não pode existir um objeto irremovível. Do mesmo modo, se o objeto é irremovível, não pode haver uma força que possa removê-lo. Duas onipotências não podem coexistir. O paradoxo pode ser empregado para ilustrar o que estava em jogo com a aventura do impeachment: novamente uma força não autorizada – poderia dizer uma força de lei, como definida por Derrida[180] – pretendia mover um objeto legalmente irremovível, o que não é exatamente uma novidade. No Brasil, historicamente, a força sempre triunfou sobre a legalidade.

Nisto não há motivo algum para comemoração. Escrevo com pesar. Nossa permanentemente imatura democracia ia e ainda vai mal. Muito mal. Desde então ela agoniza, após ter ingressado em coma profundo e duradouro. Aguardamos com ansiedade que venha o seu novo despertar, ainda que repleto de sequelas, incontáveis anos depois. Um palpite nada audacioso apontaria que uma breve reconciliação então frutificará: uma efêmera ilusão democrática. Mas possivelmente ela logo tornará a sucumbir diante da velha tentação autoritária, que sempre foi uma força irresistível, como anteriormente referi.

Aparentemente, essa é a sina do Brasil. Intervalos democráticos e normalidade autoritária: eis o receituário genético de um país construído sob o signo da subjugação do outro. É um ciclo aparentemente inescapável, cuja reiteração exige que a política produza uma saída

---

180 Derrida utiliza exatamente essa grafia na obra "Força de lei: o fundamento místico da autoridade" para indicar o que seria força exercida sem amparo legal. DERRIDA, Jacques. Força de lei: o fundamento místico da autoridade. São Paulo: Martins Fontes, 2007.

capacitada para normalizar as tensões sociais sob a égide de um utilitarismo desmedido que aceita qualquer espécie de meio para atingir o fim desejável, liquidando com a legalidade. Nossas elites jamais demonstraram dificuldade para abrir mão do exercício do poder político. O pragmatismo sempre falou mais alto. Desprezam a democracia e a pluralidade, especialmente quando ela se coloca contra a sua vontade, mesmo que minimamente. Para isso estão dispostas a produzir dicotomias simbolicamente: elaborar imagens demonizadas de adversários e convocar cruzadas para combatê-los. A imprensa sempre contribui com louvor para o sucesso de aventuras antidemocráticas. Disseminou a imagem do comunista inimigo e produziu um ambiente de ódio que – apesar de desconectado da realidade – capacitou várias exceções – ou regularidades – autoritárias no século passado. O resultado é simples: sempre que se torna necessário, a força predomina sobre a legalidade.

A novidade da recente quadra histórica consistia na extensão que o ódio sistematicamente difundido alcançou e, logo, na assustadora força manejada por inimigos da legalidade democrática. Uma verdadeira epidemia de ódio estava (e ainda está) em curso e as defesas subjetivas de uma população malformada democraticamente – ou será deformada? – eram (e são!) extremamente baixas. O ódio pelo outro – ou por quem acaba sendo percebido como inimigo mediante o emprego de estímulos raivosos – atingiu um índice tão elevado que conseguimos produzir uma verdadeira façanha antidemocrática, o que não deixa de ser surpreendente para um país tradicionalmente autoritário como o Brasil.

O muro do impeachment ilustrava perfeitamente a amplitude do ódio reinante, resultado último da linguagem fascista que foi veiculada pela grande mídia. Ele representava um efeito colateral do empreendimento de construção de uma força de lei que supostamente encontrava resguardo na "vontade popular": uma pseudovolição pública que não era mais do que um fruto da violência simbólica da experiência política mediada pelos empreendedores morais das agências de comunicação. Seria preferível que o muro fosse uma metáfora para o triunfo da racionalidade binária que dividia o país. Mas infelizmente ele era muito mais do que isso. Não era uma imagem evocada para demonstrar a precariedade civilizatória do que passa por convicção política em *terra brasilis*. Quem dera fosse o caso. Ele era uma dura e crua realidade, que retratava a nossa barbárie: escancarava o tumor maligno que infectou – talvez irreparavelmente – os ares democráticos necessários para que a distante promessa de consolidação de um Estado Democrático de Direito permaneça sendo um horizonte possível. Com ele, atingimos o nirvana do ódio pelo outro travestido de antagonismo político. Realmente erguemos – ou melhor, presidiários ergueram, o que por si só já mereceria uma reflexão – um "muro do impeachment", cujo propósito consistia em impedir um enfrentamento entre entusiastas e opositores da malfadada iniciativa golpista.

A história conheceu muitos muros. Eles geralmente funcionam como mecanismos de gestão de populações segregadas ou isoladas umas das outras por motivos específicos. São aparatos de distribuição de corpos no espaço. Não é segredo que estratégias de esquadrinhamento da realidade e de fixação de corpos conformaram terríveis violências e foram direta ou indiretamente responsáveis por inúmeros cadáveres ao longo da história do último século. Mas é claro que o nosso muro não era representativo de um apartheid social, nem foi peça-chave de um conflito geopolítico em escala mundial. Ele era um pouco diferente. Foi transitório de um modo que outros muros não foram. Mas nem por isso sua simbologia é menos rica ou interessante. Em outras palavras, o muro ainda dá – ou deveria dar – o que pensar.

Parece que podemos enterrar definitivamente os velhos estereótipos da identidade nacional brasileira: nada poderia estar mais distante da imagem de um povo pacato e pacífico do que a construção de uma muralha para separar concidadãos e evitar agressões recíprocas. Ingressamos na era da besta-fera brasileira, um animal político completamente diferente do velho e ultrapassado homem cordial. E é como bestas-feras que esses brasileiros engajados devem ser tratados: separados uns dos outros para que não causem mal a si próprios e aos demais. Alimentados por muitos anos com uma dieta de ódio, não surpreende que seus ânimos estivessem enormemente acirrados. Bastaria um fósforo e o campo instantaneamente se incendiaria. Mas não em uma fogueira de meras vaidades. Os meses que antecederam o juízo de admissibilidade do impeachment de Dilma fornecem um testemunho significativo de como o ódio foi canalizado e direcionado contra determinadas pessoas, com resultados catastróficos. É inescapável a conclusão de que o muro expressava de forma concreta um medo verdadeiramente palpável: o temor de que o esforço narrativo de instigação de ódio finalmente provocasse uma tragédia anunciada, ou seja, que a radicalização política produzisse um grande derramamento de sangue.

Não que isso representasse mais do que mera estatística para quem defendia a velha e temível ideia de que os fins justificam os meios. A história também mostra que as ruínas são prontamente removidas, como se fossem simples entulho poluindo a paisagem.

O ódio mutuamente assegurado é um fato mais do que consumado, cujos reflexos serão sentidos por muito tempo. A cisão subjetivamente produzida dentro do país deixou feridas praticamente irrecuperáveis. Não havia muitas dúvidas sobre o resultado da sorte lançada na Câmara. Se ele fosse positivo, parecia claro que o Senado seguiria o rumo da correnteza. Mas isso bastaria para aquietar determinados sentimentos ou só reiteraria nossa triste trajetória histórica de produção de exceções com base no emprego de força?

Tais exceções são a única e verdadeira regra de uma sempre presente tentação predatória da democracia. A legalidade nunca foi no Brasil mais do que um simples ponto em equilíbrio precário, pronto a ser deslocado se necessário.

Havia outra possibilidade. A de que a legalidade fosse respeitada e o "não" prevalecesse. A de que um objeto irremovível efetivamente permanecesse fixado exatamente onde estava e democraticamente deveria estar e de que diante dele uma força de lei historicamente vencedora se esfacelasse como uma onda contra um rochedo. Mas no Brasil, a legalidade jamais teve resiliência suficiente para permanecer firme diante de sucessivos golpes de uma força de lei. Essa força sempre se mostrou, em última análise, verdadeiramente irresistível e, logo, onipotente.

É possível que o ódio seja realmente uma força irresistível. Ele provoca destruição e ruína por onde quer que passa. Seus arautos estão dispostos a tudo. Incendiariam o país se preciso fosse. Nunca se viu um ódio com tamanha intensidade. Poderia a legalidade ter contido o ódio? Para que isso fosse possível, teríamos que produzir uma verdadeira exceção, em um país acostumado com regimes de exceção que são a regra: respeitar a legalidade. Teremos que conseguir uma façanha jamais alcançada de forma decisiva no Brasil: amar e cultivar o amor pela democracia. Construí-la como objeto de afeição, com o qual não se transige jamais, sejam quais forem as circunstâncias. Poderia o amor vencer o ódio? Temos que acreditar que sim, ainda que em outro tempo que não aquele. A onipotência não é deste mundo. Não há adversário que não possa ser vencido. O problema é triunfar quando ele não respeita as regras do jogo. Possivelmente essa é a peculiar onipotência de uma força de lei que historicamente sempre foi tão irresistível.

16.
A REPÚBLICA DA COBRA: SOMENTE TOLOS RIDICULARIZAM DISCURSO DE ÓDIO

Em nome do Pai, do Filho e do Espírito Santo. Em nome do que é justo e correto. Em nome da família. Em nome da liberdade. Em defesa da sociedade. Em defesa da autonomia da vontade. Pela libertação do mal. Pela regeneração do corpo social.

Palavras de ordem. Lemas que agregam. Causas que unem estandartes e que afastam – pelo menos temporariamente – diferenças periféricas. Poucas coisas conseguem reunir um todo heterogêneo como um inimigo comum. A eleição de um inimigo – bem como a crença em um projeto que aponta para o eventual triunfo sobre ele – capacita para o sacrifício em prol do objetivo perseguido. Eventuais diferenças podem ser resolvidas no campo reorganizado de um tabuleiro no qual foi exorcizada a principal causa de dissenso. Em outras palavras, os vencedores podem decidir sobre a distribuição de espólios uma vez que a resistência aos seus esforços tenha evaporado.

Que a guerra em nome do bem comum seja empreendida: paz na Terra aos homens de boa vontade.

Não são poucos os massacres que a humanidade conheceu ao longo da história e que decorreram de ações de pessoas que sinceramente acreditavam que lutavam pelo que é justo. É incomum que alguém tenha uma imagem negativa de si mesmo: as pessoas constroem suas próprias justificativas para as escolhas que adotam e os inimigos que elegem. São heróis ou heroínas de suas próprias narrativas, que – não raro – capacitam práticas de extermínio que resultam em inomináveis tragédias.

Como o título indica, estou discutindo aqui a fala proferida por Janaína Paschoal no evento em defesa do impeachment que ocorreu no dia 4 de abril de 2016, na Faculdade de Direito da USP. É pouco provável que o leitor não tenha lido em algum momento sobre o assunto, que foi retratado inúmeras vezes. Algumas análises ultrapassaram o limite da civilidade: atribuíram coloridos pejorativos com base na suposta "histeria" da professora e tentaram desacreditá-la com base nos clientes que já defendeu. Trata-se de uma linha de raciocínio que aposta em estereótipos machistas e que indiretamente ataca a própria advocacia, como se o fato de ela ter sido advogada de acusados específicos a diminuísse enquanto pessoa. Não vejo como isso possa servir a qualquer propósito louvável. São análises equivocadas e estigmatizantes. Não tenho simpatia por elas e seguirei um caminho completamente diferente, como inclusive outros já fizeram. A crítica não deve sacrificar a dignidade acadêmica ou utilizar estratégias desonrosas para diminuir eventuais adversários, que não devem ser tidos como inimigos. Desnecessário dizer que a minha posição é de compromisso com a legalidade democrática e, portanto, de repúdio ao impeachment devido ao fato de que inexistia o crime de responsabilidade, como já deixei claro inúmeras vezes.

Não discutirei aqui a pessoa da professora, sua trajetória política e acadêmica ou qualquer detalhe nesse sentido, embora certamente mereça menção o fato de ela ser uma das subscritoras do pedido de impeachment de Dilma Rousseff. Não irei me deter na teatralidade, ou seja, no aspecto performativo da fala e na intensidade dos gestos que a acompanharam. A manifestação se deu em moldes fundamentalmente distintos dos acadêmicos, enquanto o evento – embora abertamente de caráter político – tinha caráter acadêmico e, logo, era representativo do engajamento de parcela significativa de professores da casa. Mas este aspecto não é contemplado senão indiretamente nas breves linhas que compartilho aqui.

O que me parece digno de apreciação é o conteúdo do discurso e os sentidos que ele potencialmente funda. É sob este aspecto que é preciso discutir a fala sobre a "República da cobra". Não porque com isso exista qualquer intenção de diminuição ou redução de quem efetivamente fez o discurso em questão, mas porque creio que ele merece atenção pelo que representou dentro de um contexto específico, que é o de choque entre forças favoráveis e desfavoráveis ao impeachment.

Parece óbvio que não foi uma fala jurídica ou sequer acadêmica. Não há na sua manifestação qualquer respeito pelos cânones que circunscrevem o espaço conceitual do pensamento jurídico, nem qualquer intenção de reivindicação do suporte de cientificidade que é típico de manifestações acadêmicas. Janaína Paschoal não falava como acadêmica naquele momento. Não falava como jurista. Falava como ativista política, para uma plateia que se mostrou imensamente entusiasmada com o discurso. A receptividade foi enorme, como pode se perceber pelos inúmeros aplausos durante as pausas dramáticas que ocorrem entre um trecho e outro. Quem assiste ao vídeo em casa pode não gostar. Mas para quem estava lá, a sensação parece ter sido de que ela "ganhou o dia". E isso certamente merece atenção.

Poderíamos dizer – e muitos inclusive disseram – que a fala diminuiu a estatura acadêmica da professora em questão. Reconheço minha condição de ignorante e confesso que não conheço sua produção acadêmica. Mas sua trajetória como advogada é amplamente conhecida, inclusive por quem não advoga, como é meu caso. Com certeza, é tentador para quem se encontra no espectro político oposto – na questão específica do impeachment – "caricaturizar" Janaína Paschoal, ou seja, despi-la de sua humanidade e grosseiramente retratar sua "perda de controle". Mas a fala não pode ser compreendida fora do contexto no qual foi proferida, sob pena de que a eventual análise não seja mais do que um exercício fútil de leviandade. Tentarei escapar dessa armadilha nos parágrafos restantes deste capítulo.

O discurso proferido por Janaína carrega forte conotação moral e emotiva, complementada pelo emprego da bandeira do Brasil e a utilização de uma camisa amarela. Em vários momentos, ela fala como se não falasse por si mesma, mas pela nação: "nós somos muitos…" é um expediente típico de discursos construídos como artifícios de sedução. Eles visam o prazer do ouvinte: sua participação emocional e engajamento profundo em uma cerimônia de louvor à causa. Um olhar atento sobre o conteúdo da fala e a reação da plateia revela um ritual de celebração voltado para o frenesi coletivo, construído sob o signo da libertação da opressão: "eles derrubam um, levantam-se dez […] dominando as nossas mentes, as almas dos nossos jovens".

Janaína exerceu um efeito de aproximação com o público presente, que objetivava uma profunda identificação: individualidades devem se diluir em um amálgama maior de emancipação coletiva de consciências. Ela falou praticamente o tempo todo como quem reivindicava a condição de porta-voz de uma coletividade: "nós não vamos baixar a cabeça…", é um dos muitos exemplos que caracterizam a estratégia adotada e amplamente bem-sucedida.

A linguagem utilizada por ela produziu subjetividades, desqualificando não apenas os inimigos metaforicamente referidos, mas também seus aliados circunstanciais: "os professores de verdade querem mentes e almas livres" conforma um ardil particularmente performativo, por exemplo. O discurso pode soar inicialmente superficial, mas há uma clara intenção de conexão com um público-alvo específico, que consome uma dieta cultural que consiste basicamente no pensamento charlatão que acusa a academia de doutrinação marxista. A conexão produz filiação. Quem ouve se sente tocado, mesmo que inconscientemente.

Janaína estava entre aliados e potenciais amigos com interesses comuns. Sabia para quem falava e o que muitos dos que estavam lá queriam ouvir. A pregação é para convertidos. Não é para consumo externo. Não há nenhuma necessidade de convencer opositores ou eventuais indecisos: o momento era de celebração de uma vitória que era tida como iminente, como foi explicitado nos últimos instantes do discurso.

Despersonalizada como representante de uma coletividade insurgente, é somente no final da fala que a própria Janaína "surge" referindo o pai, como heroína mítica que promoverá a libertação da nação e supostamente comandará uma legião enviada por Deus para "cortar as asas da cobra": "nós queremos libertar o país do cativeiro de almas e mentes... não vamos abaixar a cabeça pra essa gente que se acostumou com discurso único... acabou a república da cobra!".

E assim ela encerra: a vitória estava ao alcance da mão e, com ela, o gozo: o equivalente político de um orgasmo anunciado.

Confesso que assisti várias vezes. Na primeira delas, fiquei estarrecido. Na segunda, senti medo e náuseas. Foi somente a partir da terceira vez que consegui analisar o conteúdo da fala com alguma objetividade.

O discurso efetivamente comemora o desfecho triunfal de uma verdadeira cruzada contra o mal. O oposto de Deus só pode ser o Diabo e é contra ele que Janaína se insurgia. Não seria capaz de intuir a subjetividade da professora. Mas se fosse preciso dar um palpite, diria que tenho certeza quase que absoluta de que ela realmente acreditava no que dizia. Os lugares explorados na fala em questão remetem ao que de pior a história produziu em termos de demagogias políticas absorvidas pelas massas. Um discurso assentado em tais pilares tem um poder de mobilização social gigantesco. Ele apela para estruturas profundas de compreensão e, logo, produz subjetivamente um pronunciado efeito de adesão. E isso é particularmente perigoso quando a fala em questão é um discurso de ódio que convoca para o enfrentamento e sinaliza com a intensificação de conflitos sociais. O fato de a emissora da mensagem não ter ciência de que profere discurso de ódio não atenua em nada seu conteúdo: apenas demonstra que o ódio pode falar através de pessoas, como muitas vezes falam as próprias estruturas, inclusive as míticas.

Nós nos acostumamos a desqualificar discursos voltados para o convencimento emocional. Muitas vezes eles são ridicularizados e não são percebidos como o que realmente representam: ameaças para uma cultura de respeito à alteridade. Uma tradição significativa do pensamento chega a considerar que discursos repletos de efeitos de sedução são algo alienígena perante as virtudes da racionalidade. Terrível engano. Discursos como o de Janaína transcendem os limites formais de lugares e padrões preestabelecidos: são fala, figura e gesto, dotados de uma racionalidade que lhes é muito própria e que complementa sistemas "racionais" de compreensão do mundo com modos afetivos de conhecimento. E é comum que modos afetivos tenham peso muito maior nas decisões do que o que costumamos chamar de "racionalidade". Não que a dicotomia moderna entre razão e emoção ainda mereça qualquer credibilidade.

Tolos são aqueles que taxam efeitos de sedução como simples irracionalidade e histeria. Tolos são aqueles que empregam estereótipos de misoginia como se agissem em defesa da democracia. Tolos são aqueles que subestimam a capacidade de discursos de ódio para conclamar as massas para a destruição da liberdade.

Quem sabe um pouco mais procurará compreender o adversário, que jamais deve ser visto como inimigo. A República pode não ser da cobra, mas a serpente do fascismo ameaça engolir a todos nós.

17.
JAMAIS IMAGINEI QUE VIVERIA PARA VER OUTRO GOLPE

Não posso dizer que já tenha me recobrado do fatídico 17 de abril de 2016. As lembranças deste dia ainda me acompanharão por muito tempo. Não exagero. Algumas pessoas são particularmente sensíveis diante de certos temas, uma vez que tocam de forma muito profunda sua própria história. Fiz graduação em História antes de cursar Direito. Gastei boa parte da primeira década deste milênio na linha de frente da educação básica pública. Lecionei História, Sociologia e Filosofia para o Ensino Médio. Visitei e revistei nossa história autoritária centenas de vezes com adolescentes. Sinceramente pensei que tínhamos deixado para trás os vícios da nossa relativamente recente trajetória republicana. Não contemplava seriamente a possibilidade de que nossa triste propensão para sucumbir diante da tentação autoritária fosse novamente confirmada. Passei a apostar – ainda que com algum nível de reserva – que o projeto constitucional efetivamente tinha chances concretas de consolidação.

Reconheço que talvez eu tenha sido ingênuo por acreditar que o Brasil tinha conseguido uma carta de alforria de sua própria história. Confirmamos nossa triste vocação para a exceção tornada regra. O Estado Democrático de Direito desmoronou com um castelo de cartas diante de uma leve brisa. O que parecia relativamente sólido não era mais do que uma miragem. A legalidade escorreu pelas bordas de um conclave golpista como areia entre as mãos de uma criança. E nós acompanhamos isso em tempo real.

O drama não é só meu. Incontáveis amigos experimentaram o sabor amargo do veneno golpista. Reunimos legiões de pessoas comprometidas com a democracia para resistir ao golpe que se anunciava. Escrevemos conjuntamente uma contranarrativa de resistência democrática ao discurso golpista da grande mídia. Provavelmente jamais conhecerei a grande maioria desses amigos e amigas subitamente unidos por um propósito comum: a defesa da democracia. Separados por um país de dimensões continentais, nos tornamos irmãos e irmãs nos últimos meses.

Foi um esforço incomparável e do qual jamais me esquecerei. É difícil acreditar que tenha sido em vão. Que o único legado que restará dele é o estreitamento de laços entre aqueles que amam a democracia e apreciam a pluralidade que ela permite. Reconheço que não é pouca coisa, mas é escasso consolo diante de um espetáculo verdadeiramente deprimente de violação da legalidade democrática, da Constituição e do Estado Democrático de Direito.

As feridas demorarão a cicatrizar. Não porque o mandato específico de Dilma Rousseff foi sacrificado (como já pontuei em outras oportunidades, Dilma liderava um péssimo governo), mas pelo que representa um impeachment tão ilegalmente consolidado para a jovem República brasileira. Uma democracia estável e respeitosa das regras do jogo – pela qual tantas pessoas morreram nas décadas de chumbo da Ditadura Civil-Militar – foi lançada novamente aos ventos para renascer como sonho aparentemente inalcançável diante do pesadelo que representa a reiteração de nossa tentação autoritária.

Dirão que exagero na dramaticidade, mas penso que não. A democracia foi literalmente tomada de assalto. Golpeada implacavelmente por forças movidas por um ódio político inédito na história recente e que somente encontra paralelo em 1964 e nos anos posteriores ao golpe.

Vamos tratar o tema com seriedade. Sejamos realistas. Podemos deixar de lado os subterfúgios e os estratagemas. Eles não merecem nossa atenção. O que ocorreu na sessão de apreciação da admissibilidade do processo de impeachment tem pouca ou nenhuma relação com um suposto crime de responsabilidade cometido pela presidente Dilma. Com os refletores apontados para eles e diante dos olhos estarrecidos da nação, tivemos a oportunidade de contemplar a pequenez de nossos parlamentares com precisão microscópica. A tese de crime de responsabilidade – em torno da qual se sustenta o pedido de impeachment – foi minimamente enfrentada. Na imensa maioria das vezes, não foi sequer referida pelos deputados, mesmo que indiretamente. Praticamente todos eles fizeram questão de aproveitar seus quinze minutos de fama para proferir discursos inflamados que invocavam Deus, a família e outros lugares comuns de um moralismo anacrônico, equivocado e que não tinha a menor relação com o objeto do processo. Os mais ousados não mostraram o menor constrangimento: disseram abertamente que o que os motivava era banir Dilma, o PT e até mesmo Lula.

Não há como escapar de uma conclusão: o impeachment resultou da conjugação do oportunismo de ocasião com um fanático ódio político por convicção. A maquiagem jurídica não se sustenta diante do confronto com a realidade. Isso já bastaria para conformar uma violência inominável contra a dignidade da nossa jovem República. Mas ainda houve algo mais. Jair Bolsonaro fez questão de homenagear um torturador e dizer que perdemos novamente, como em 64. Palavras não dão conta do que representa um parlamentar sustentar o que Bolsonaro sustentou, em pleno Congresso Nacional e diante de milhões de brasileiros que acompanhavam a transmissão. É como se todas as vítimas e familiares de vítimas da Ditadura Civil-Militar fossem novamente violentadas. É como se Dilma fosse novamente torturada por Ustra. E publicamente.

Que ele possa ter dito isso sem enfrentar quaisquer consequências é algo impensável. Mas em uma coisa ele estava certo. Se de fato perdemos, perdemos como em 1964: nenhuma outra designação que não "golpe" retrata a inominável iniciativa de usurpação política de um mandato conquistado com mais de 54 milhões de votos.

Não é necessária especulação para determinar com razoável margem de segurança que a questão jamais envolveu qualquer controle sobre a legalidade dos atos da presidente democraticamente eleita. Os personagens em questão simplesmente aproveitaram a janela aberta e embarcaram no trem, cujos assentos confortáveis estavam reservados. Nele encontraram muitos amigos, que já estavam devidamente acomodados: setores significativos do empresariado nacional e da grande imprensa, que também contribuíram de forma significativa para a gestação da empreitada de usurpação do poder.

É assustador que ainda possa haver qualquer polêmica sobre a existência de um golpe, considerando como foi executada a façanha antidemocrática. Poderiam ter tido pelo menos a dignidade de estudar a questão e ao menos motivar as decisões com base na – desacertada – leitura de que as pedaladas fiscais conformam crime de responsabilidade. Mas não houve sequer essa preocupação. Senhores de seus castelos e detentores de mandatos que em grande medida decorrem de conhecidas distorções de nosso sistema eleitoral, violaram de forma implacável a Constituição. Simplesmente votaram como se ela não existisse.

Que espécie de esperança de resistência democrática pode existir quando as convicções morais de parlamentares valem mais do que a Constituição e as regras do jogo? O que fazer quando a forma de nada vale e o próprio – questionável – pedido de fundamentação jurídica é deixado de lado para que a decisão não seja mais do que o preenchimento de espaços vazios pela subjetividade de nossos "representantes"? Como resistir juridicamente ao avanço de um projeto de usurpação política quando o próprio Legislativo produziu uma exceção de tamanha envergadura? A própria democracia deve mais uma vez ser compreendida como empreendimento falho e inacabado em *terra brasilis*?

É difícil encontrar forças para permanecer resistindo, quando o espaço de resistência ao autoritarismo encolhe cada vez mais desde então. É como se nos faltasse o ar, expulso dos pulmões por um desleal soco no estômago. E sem oxigênio não se sobrevive. Mas como disse Darcy Ribeiro,

> *"Fracassei em tudo o que tentei na vida.*
> *Tentei alfabetizar as crianças brasileiras, não consegui.*
> *Tentei salvar os índios, não consegui.*
> *Tentei fazer uma universidade séria e fracassei.*
> *Tentei fazer o Brasil desenvolver-se autonomamente e fracassei.*
> *Mas os fracassos são minhas vitórias.*
> *Eu detestaria estar no lugar de quem me venceu".*

Digo o mesmo. Perdi, mas mantenho minha dignidade e alinhamento com as forças que lutaram e ainda lutam pela democracia. Desprezo os disseminadores de ódio travestidos de representantes populares. Jamais trocaria de lugar com eles. Não embarco neste trem. Nem com passagem de primeira classe, nem como clandestino.

Foi pensando assim que me retirei após ter presenciado a sessão. Simplesmente desliguei aquele triste espetáculo. Quando percebi que a derrota era inevitável naquele dia, resolvi dar um basta em tanta hipocrisia e saí para dar uma volta com Bolt, o meu simpático cachorro e assistente de pesquisa voluntário. Mal sabia eu que o destino me reservava uma grata surpresa, na forma de um inesperado encontro.

Logo me deparei com dois jovens rapazes que caminhavam alegremente de mãos dadas pela rua. Uma menina que mal saiu da adolescência os acompanhava. Ela disparou:

> – *Mas depois de uma ditadura militar, ainda votam nesses merdas?*

Confesso que sorri. Ainda há esperança. Talvez a minha geração tenha fracassado, como outra geração fracassou em 1964. Ousei acreditar que ainda restava o Senado. E o STF. Nós acusamos o golpe, mas ainda não tínhamos sido derrotados. A legalidade estava nas cordas, mas ainda não havia beijado a lona em definitivo. Brigaríamos até o final, nem que fosse para resguardar a dignidade que a resistência receberá postumamente da história e que já está consolidada narrativamente na imprensa internacional, que retrata o episódio com as devidas cores golpistas, de forma quase unânime.

Ao final, o arremate foi bem sucedido. Mas as forças que o apoiaram não conhecerão trégua. Jamais. Não são poucos os participantes daquele esforço que hoje reconhecem o quanto se equivocaram apoiando o lavajatismo e tudo que dele decorreu. Tenhamos resiliência para resistir até que o rumo seja retomado, nesta quadra histórica ou no futuro.

Eduardo Cunha se valeu de todos os estratagemas possíveis e imagináveis enquanto presidiu a Câmara dos Deputados. Se O STF tivesse agido rapidamente, possivelmente o impeachment não teria sido pautado, ou pelo menos não naquele momento e daquela forma. Mas após o assunto ter sido resolvido, o destino lhe pregou uma peça. A novela chegou ao fim: depois de muitos e muitos meses, o STF surpreendentemente determinou a suspensão do mandato de Eduardo Cunha, em "decisão excepcionalíssima". Supostamente a gravidade da situação autorizava a medida, cuja legalidade era – na melhor das hipóteses – indefinida e borrada. Barroso elogiou a decisão de Teori e declarou: "Eu não quero viver em outro país, eu quero viver em outro Brasil".

Fascinante. Pompa e melodrama. Certamente algo propício para mais um capítulo da epopeia de salvação nacional que tínhamos o desprazer de testemunhar: um novo cordeiro era imolado como sacrifício no altar, em uma clara tentativa de higienização do golpe no imaginário popular. É tentador comemorar a ruína de Cunha. Não deixa de ser irônico que alguém que tenha empregado tantos estratagemas para violar a legalidade finalmente viesse a sucumbir diante de uma decisão tão questionável como muitas de suas próprias. O legado de Cunha é de destruição. A história retratará com as devidas cores o que representou sua passagem pela presidência da Câmara dos Deputados. Mas não caia nessa não tão sutil armadilha. O criador se foi, mas a obra permanece: foram os dedos, mas restam os amaldiçoados anéis, em estranho trocadilho golpista.

Não sei qual é o Brasil que Barroso espera viver. Certamente não é o mesmo que eu imagino. Não consigo me entusiasmar com a lenta e gradual derrocada de tudo que foi construído após a restauração democrática. Uma geração inteira de juristas oxigenados constitucional-mente e comprometidos com direitos fundamentais acompanhou, com pesar, a falência do respeito pelas regras do jogo. Trocamos a legalida-de democrática pelo velho jeitinho, nossa única norma fundamental. O que importa é alcançar a linha de chegada. A corrida maluca não conhece outra regra, ainda que o decisionismo sempre encontre suas próprias razões, que somente convencem os incautos e coniventes com práticas de exceção.

O presidente do STF, Ricardo Lewandowsky, foi incisivo: "o tempo do Judiciário não é o tempo da política nem é o tempo da mídia". A afirmação é contundente, sem sombra de dúvida. Procura diferenciar uma temporalidade "jurídica" de outras temporalidades, tidas como menos rigorosas, apressadas e superficiais. Ela foi apresentada no con-texto do que visivelmente soava como uma protelação injustificável: por que somente após ter sido enfrentado o impeachment na Câmara alguma medida foi tomada, se o pedido de afastamento de Cunha, do procurador-geral da República, Rodrigo Janot, estava nas mãos de Teori Zavascki, relator da Lava-Jato, desde dezembro de 2015? Como Cunha pode ter permanecido como presidente da Câmara dos Deputados e conduzido o processo de impeachment, quando supos-tamente pesavam contra ele indícios tão flagrantes que justificaram a "excepcionalíssima" suspensão de seu mandato? Não parece razoável crer que tais elementos justificariam seu afastamento imediato da pre-sidência da Câmara, para que não existissem fundados argumentos de utilização do processo de impeachment como instrumento de vingan-ça pela falta de apoio no Conselho de Ética? Não deve o "tempo" do Judiciário zelar pela estabilidade do Estado Democrático de Direito e a preservação da legalidade, impossibilitando que interesses pessoais valham mais do que as regras do jogo?

Sem dúvida são ótimas perguntas. Eu não saberia dizer qual é o "tempo" do Judiciário, qual é o "tempo" do Supremo e muito menos qual o critério empregado para definir o "ritmo" da balada na festa es-tranha e repleta de gente golpista que aconteceu em 2016. Parece que, ele era determinado pelo sabor da ocasião. De vez em quando corria, de vez em quando mal saía do lugar. E de vez em quando "fazia de conta que nada via, que não era com ele": tempo de indiferença diante da legalidade democrática. Tenho certeza que muitos escreveram sobre o intrigante "timing" dessa decisão, como muitos escreveram sobre a "excepcionalíssima" suspensão do mandato de Cunha (que "não pode virar regra", como os próprios ministros enfatizaram). Afastamento da presidência é uma coisa. Suspensão de mandato é algo bem diferente e extremamente questionável. Ou deveria ser. E isso vale para o mandato de Cunha como vale para qualquer outro, não importa a circunstância, justificativa ou intenção de sacrifício para tentar produzir uma ilusão de igualdade. Ou vamos adotar uma forma de tratamento específica conforme determinar o critério moral de ocasião?

Devo soar cansativo, sempre o mesmo e velho argumento de defesa da legalidade, cada vez mais fora de moda. Talvez eu deva cair na "real": nada tem sido exatamente como "deveria ser" nos últimos anos. São tantas e tantas "liberalidades", que nos acostumamos com violações. A exceção virou rotina e não causa mais espanto. Se as coisas fossem como "deveriam ser", não parece nada provável que Cunha pudesse ter acolhido e conduzido o processo de impeachment, como se nada pesasse contra ele. "Aparentemente", ele desfrutava de uma espécie muito particular de presunção de inocência, cujo prazo de validade finalmente expirou, como determinado pelo infame "tempo do Judiciário". Por sinal, se as coisas fossem como "deveriam ser", o próprio STF não teria brincado com a presunção de inocência, reiterando as premissas do processo penal fascista. Se as coisas fossem como "deveriam ser", não creio que Moro pudesse ter ilegalmente vazado conversas de autoridades com foro privilegiado sem sofrer qualquer espécie de sanção. Não teria transformado a Operação Lava-Jato em um instrumento de desestabilização da própria República, que ainda encoraja decisionismos pelo país afora. Se as coisas fossem como deveriam ser, juízes não bloqueariam o WhatsApp ou proibiriam reuniões estudantis com pautas "subversivas". Se as coisas fossem como "deveriam ser", nossos parlamentares não votariam com base na própria subjetividade: observariam se de fato estavam presentes os requisitos para o crime de responsabilidade. Se as coisas fossem como "deveriam ser", um ficha-suja como Temer não tomaria posse sem eleição e sem ter tido um único voto da população. O descompasso entre realidade e legalidade indica que a noção de limite foi obliterada pelas razões e interesses individuais dos protagonistas do momento.

A coleção de horrores e destroços acumulados em 2016 realmente é espantosa. Mas os adeptos do pragmatismo oportunista da moral de rebanho sempre comemoram a queda dos eventuais inimigos, sem levar em conta que podem ser os próximos da fila: alvos das baterias do Judiciário e do Legislativo, repentinamente transformados em lugares de proliferação de um detestável protagonismo.

E tem gente que ainda dizia que "estávamos consolidando a democracia" e que "as instituições estavam funcionando". Realmente estavam funcionando: que belo estrago fizeram. Quanto mandonismo. Quanto ativismo judicial. Quanto empreendedorismo moral. Este é o outro Brasil? Parece mais do mesmo velho mofo de sempre. Talvez até pior. Mas com jeitinho dá pra levar. Sempre funcionou assim. Nós é que nos iludimos achando que o tempo do Judiciário poderia ser o tempo do Direito, enquanto ele é tempo de exceção, sempre que for conveniente que o seja.

Já escreveram que o STF não barrou o golpe porque fez parte dele. Sua contribuição foi inegavelmente inestimável. Não deram a chancela novamente, como em 64. Mas o mandado de segurança de Dilma jamais foi apreciado. Alguns ministros tiveram a audácia de bradar que contribuíam para a fundação de um piegas novo Brasil. O Supremo falhou justamente naquela que deveria ser a sua maior hora. O sacrifício de Cunha não lhe deu qualquer credibilidade. Pelo contrário. A democracia estava sangrando. Ninguém iria estancar a hemorragia? Demorou anos até que o STF saísse do coma autoinduzido no qual submergiu. Tristes tempos em que vivemos.

PS: Em maio de 2017, o senador Aécio Neves também foi contemplado com a "excepcional" suspensão de mandato, para a qual não há previsão constitucional. É preciso enfatizar: não há destinatário "correto" para a prática de ilegalidades, que estão inclusive atingindo algumas pessoas que as comemoraram anteriormente, como é o caso do jornalista Reinaldo Azevedo. Coincidentemente ou não, Reinaldo, que outrora foi entusiasta do lavajatismo, veio a se tornar um dos mais sensatos críticos da epidemia de ilegalidades que despontou nos últimos anos.

Este texto não parece ter relação direta com a narrativa desenvolvida ao longo do livro, mas foi incluído porque ilustra o quanto o autoritarismo se esparramou pelo Judiciário em decorrência das ilegalidades autoritárias banalizadas na atual quadra histórica. Tenho que confessar que este é um episódio difícil para mim. E o motivo é simples: começa a ficar cansativo. Com alarmante frequência somos chamados a retomar lições consolidadas. Temos tanto a avançar e precisamos gastar energias defendendo o que deveria ser óbvio: a inadmissibilidade de violação de direitos e garantias fundamentais.

É possível que o Supremo tenha ditado o tom, quando "redefiniu" o sentido de conceitos sedimentados como presunção de inocência e trânsito em julgado, para permitir a execução de pena privativa de liberdade com base em condenação de segunda instância, uma decisão que somente seria revertida anos depois. Os sete ministros que produziram essa aberração brincaram alegremente com direitos fundamentais, como uma criança que destrói castelos de areia na praia: estabeleceram de forma anômala uma inaceitável presunção de culpabilidade no ordenamento jurídico brasileiro. E a história não termina aí, já que aparentemente uma "Caixa de Pandora" foi aberta: os pressupostos mais básicos de práticas punitivas minimamente respeitosas dos limites legais continuaram sendo dilacerados com espantosa velocidade. Magistrados de todos os recantos do país repentinamente adquiriram confiança para ultrapassar a literalidade de leis e institutos e fazer do Direito um simples reflexo de sua subjetividade autoritária.

Talvez seja necessário recomeçar, desde o princípio. Como se estivéssemos nas primeiras aulas de direito processual penal da graduação, explicando o sentido de institutos que conformam as bases da própria democracia, que exige a possibilidade de resistência ao poder punitivo. Precisamos retomar o que parece ter sido perdido no meio do caminho: o próprio Direito.

Nos termos do art.5º, LXVIII, da CF, "conceder-se-á habeas corpus sempre que alguém sofrer ou se achar ameaçado de sofrer violência ou coação em sua liberdade de locomoção, por ilegalidade ou abuso de poder". Não se extrai sentido distinto do velho – e autoritário – CPP de 1941, conforme seu art. 647: "Dar-se-á habeas corpus sempre que alguém sofrer ou se achar na iminência de sofrer violência ou coação ilegal na sua liberdade de ir e vir, salvo nos casos de punição disciplinar". O art.7.6 da CADH refere que

> Toda pessoa privada da liberdade tem direito a recorrer a um juiz ou tribunal competente, a fim de que este decida, sem demora, sobre a legalidade de sua prisão ou detenção e ordene sua soltura se a prisão ou a detenção forem ilegais. Nos Estados-Partes cujas leis preveem que toda pessoa que se vir ameaçada de ser privada de sua liberdade tem direito a recorrer a um juiz ou tribunal competente a fim de que este decida sobre a legalidade de tal ameaça, tal recurso não pode ser restringido nem abolido. O recurso pode ser interposto pela própria pessoa ou por outra pessoa.

Para que a nossa pequena aventura de reencontro com o Direito não fique restrita a dispositivos legais, vejamos o que pelo menos dois processualistas penais de renome escreveram sobre o habeas corpus. Para Aury Lopes Jr,

> o habeas corpus é uma ação de natureza mandamental com status constitucional, que cumpre com plena eficácia sua função de proteção da liberdade de locomoção dos cidadãos frente aos atos abusivos do Estado, em suas mais diversas formas, inclusive contra atos jurisdicionais e coisa julgada. A efetiva defesa dos direitos individuais é um dos pilares para a existência do Estado de Direito, e para isso é imprescindível que existam instrumentos processuais de fácil acesso, realmente céleres e eficazes".[181]

Nereu Giacomolli destaca que

> o grau de proteção do direito fundamental de liberdade ocupa patamar tão relevante que o próprio legislador permite aos juízes e Tribunais, independentemente de provocação específica, conceder, no curso de qualquer processo, a ordem de habeas corpus, ex-officio (art. 654, § 2º, do CPP), sem afetação da imparcialidade, em face da supremacia da exigência de garantia dos direitos fundamentais.[182]

---

181 LOPES JR, Aury. *Direito processual penal*. São Paulo: Saraiva, 2014, p. 1366.

182 GIACOMOLLI, Nereu. *O devido processo penal*. São Paulo: Atlas, 2014, p. 396.

O sentido do habeas corpus parece claro: é um instrumento de defesa do cidadão contra a arbitrariedade estatal. Tão grande é sua importância que qualquer pessoa pode impetrar um habeas corpus: inclusive uma criança recém-alfabetizada que rabisca em um rolo de papel higiênico, como todos aprendem nos primeiros anos do curso de Direito. É isso. Tão simples. Tão singelo. E tão enormemente importante. Eis o sentido do remédio heroico, como alguns juristas gostam de chamar o habeas corpus, com uma boa dose de dramaticidade.

Nossa pequena história poderia acabar por aqui. Mas ao que tudo indica, há divergência sobre a margem de disposição que é dada ao magistrado diante de um habeas corpus: um pedido de liberdade provisória ou redução de fiança resultou em decretação de prisão, de ofício, com fundamento na garantia de ordem pública e reincidência do paciente. Para o desembargador do TJSP, José Damião Pinheiro Machado Cogan, "Era incabível, nos termos do art. 313, incisos I e II, do CPP, o arbitramento de fiança, pelo que fica ora revogado o despacho judicial e decretada a prisão preventiva para fins de garantia da ordem pública, eis que se trata de audacioso praticante de furtos e roubos".

O fundamento da decisão já seria questionável em outras circunstâncias. Mas que ela tenha se dado no âmbito da apreciação de um pedido de habeas corpus não é apenas motivo de espanto: a decisão é absurda e completamente autoritária, desvirtuando completamente o sentido do remédio heroico e ampliando a margem de discricionariedade do magistrado para além de quaisquer limites legais existentes, para agravar consideravelmente a situação do paciente (e isso sendo generoso no emprego dos termos).

No caso em questão, o habeas corpus efetivamente deixou de ser garantia contra a arbitrariedade e operou como autorização para análise da vida pregressa do paciente e de sua própria alma, bem como de confronto entre seus direitos individuais e uma "ordem pública" supostamente ameaçada por sua indesejável ambição de liberdade. *Reformatio in pejus* é pouco para descrever a extensão da violência cometida contra uma pessoa de carne e osso e contra o próprio Direito em si mesmo: a decisão resulta de uma vitória pessoal do magistrado sobre o ordenamento jurídico, que é suspenso pelas forças da sua vontade, como se simplesmente não existisse. O magistrado abre uma ferida na legalidade para alcançar a carne que deseja tocar com o poder de penar, fazendo com que o paciente não seja mais do que vida nua diante de um juiz que confere a si mesmo o poder de deixar morrer em vida, simplesmente porque assim deseja.

Não pode ser assim. Não é possível. O Direito não é uma ferramenta entregue ao juiz para que a utilize conforme o sabor do momento. Não pode ser um distorcido reflexo da vontade de um magistrado que possa eventualmente crer que tem poderes equivalentes aos de uma divindade. Toda decisão sempre será fruto de uma escolha. Sempre terá certo nível de aposta e fé. Isso realmente é inevitável: quem escreve imita a liberdade divina. Mas mesmo que seja aceita a ideia de que o Direito é mais um entre tantos meios de controle social, ele necessariamente tem (ou deveria ter) um nível de rigor formal que o diferencia de outras instâncias de controle social. É isso que potencialmente pode fazer do exercício do poder jurídico um espaço de preservação da liberdade diante do potencial arbítrio estatal. Se o Direito não é mais do que um meio ritualizado de canalização de ódio, que esperança restará diante do avanço progressivo da tirania?

Juízes são livres para "dizer o Direito" como uma casta privilegiada, que detém a "verdade" sobre os rigores da lei e sua serventia para a manutenção do que entendem como paz social? Podem matar direitos fundamentais e garantias como bem desejarem? A resposta só pode ser não. Isso o Direito não permite. Isso o Direito não admite. É pura e simples aplicação de poder. Um Direito esvaziado de conteúdo e preservado somente como aparência deve ser denunciado como o que é: pura e simples violência, ou seja, um veículo para a consolidação do ódio de magistrados autoritários e descomprometidos com direitos fundamentais.

20.
NA REPÚBLICA DOS DELATORES, O ÓDIO PREVALECE SOBRE A VERDADE

Lavajatismo e delacionismo são quase sinônimos do estado da arte autoritária assumido por um processo penal do espetáculo que redimensionou a tradição autoritária e a tornou ainda mais letal.

Dediquei boa parte da minha formação acadêmica ao tema da busca da verdade no processo penal, enfrentado na graduação, mestrado e doutorado, sob a orientação de Aury Lopes Jr.. Sustentei que o processo penal deve abrir mão da ambição de verdade, ou seja, que a centralidade do processo penal não deve estar vinculada ao que o julgador define como verdade alcançável – e desejável – com base em sua própria subjetividade. Redefini o regime de verdade do processo penal e defendi que um conceito de verdade como correspondência é absolutamente inadequado para a reconstrução narrativa que é feita pelo juiz, com base em rastros do passado. No entanto, embora tenha proposto um conceito substancialmente distinto do que é rotineiramente empregado pela maioria dos autores que discutem o processo penal, deixei claro que não defendia – como jamais defenderei – uma verdade exilada, isto é, expulsa do sistema processual penal.[183]

São muitas as razões para que a verdade não possa ser inteiramente deixada de lado: princípios como a presunção de inocência e o *in dubio pro reo* exigem uma concepção de verdade, ou perderiam completamente o sentido, como perderia sentido a ideia de que a carga da prova cabe à acusação. É comum que concepções narrativistas de processo flertem com a insólita ideia de atividade probatória desvinculada de uma conexão com a verdade, como ocorre também – ainda que não de forma tão flagrante – em conceitos como verdade formal e verdade processual. A verdade não pode ser substituída por efeitos retóricos

---

183 KHALED JR, Salah H. *A busca da verdade no processo penal*: para além da ambição inquisitorial. São Paulo: Atlas, 2013.

de sedução, como também não basta o mero preenchimento formal de hipóteses legalmente estabelecidas.[184]

De qualquer modo, não é propriamente essa a discussão que interessa aqui e sim o que a delação premiada representa enquanto manifesto e inaceitável abandono da verdade pelo processo penal. Como já referi em outras oportunidades, o instituto não me agrada por inúmeros motivos. Penso que ele introduz enormes distorções no processo penal e ameaça fazer dele um balcão de negócios. Não vejo como isso possa servir a qualquer propósito nobre, por mais que alguns possam dar ouvidos ao canto da sereia. São muitos os motivos para não ver a delação premiada com bons olhos. Relaciono rapidamente alguns deles:

a. Reforça a conhecida seletividade do sistema penal, uma vez que somente os eventuais autores de crimes complexos terão a possibilidade de fazer delação premiada, que "não é para ladrão de galinhas", como foi inclusive abertamente dito alguns anos atrás.

b. Introduz a lógica de que é preciso prender para obrigar a fazer acordo, tornando a prisão um expediente da própria negociação, de modo semelhante ao corpo objetificado do herege, que era manipulado como coisa pelo inquisidor.

c. Potencialmente pode fazer com que aquele que se recusa a negociar seja transformado em inimigo, visto como obstáculo para a persecução penal e, logo, merecedor de tratamento "diferenciado" no pior sentido do termo.

d. Não existem limites claros para o que é ou não negociável, nem com quem se negocia e com quem não se negocia, o que possibilita uma margem enorme de seletividade, que potencialmente maximiza anomalias como a chamada criminalização seletiva da corrupção.

e. Penas *sui generis* decorrem da delação, o que é uma verdadeira aberração em nosso sistema penal: é comum que a figura da "prisão domiciliar" seja rotineiramente empregada, novamente demonstrando que somente alguns terão a sorte de não ter que se submeter ao martírio que é nosso sistema penitenciário, apesar de terem praticado crimes de enorme gravidade. O caso Joesley Bastista demonstra de forma clara o quanto podem ser verdadeiramente absurdos os resultados de "acordos" assim celebrados.

---

184 KHALED JR, Salah H. *A busca da verdade no processo penal*: para além da ambição inquisitorial. São Paulo: Atlas, 2013; LOPES JR, Aury. *Direito Processual Penal*. São Paulo: Saraiva, 2016.

f. Finalmente, por que confiar na palavra de um delator? Ele é obrigado a dizer o que os negociadores querem ouvir. Se nada tem a dizer, obviamente não tem com o que negociar e, logo, é preciso inventar.

Todas as situações acima demonstram de forma relativamente segura porque é necessário se acautelar contra a crença desmedida nas virtudes da delação premiada. Mas a letra "f" em si mesma conhece seu "ponto fora da curva", que é o que particularmente interessa aqui. Um exemplo demonstra isso claramente: em junho de 2016, foi divulgado pela imprensa que "a delação de sócio da OAS trava após ele inocentar Lula".[185]

É surpreendente que a notícia não tenha provocado maior espanto na comunidade jurídica. Mesmo para um processo como "balcão de negócios" deve existir limites. A margem de discricionariedade que é dada aos negociadores faz das delações em questão um reflexo direto de suas próprias preferências, potencializando práticas punitivas absolutamente sui generis: não só consagram de forma velada um direito penal do autor – voltado para pessoas transformadas em alvos específicos e não para fatos, exatamente o que referi como utilização do sistema penal para a consolidação de ódio ao longo da obra – como elegem uma moldura restrita e previamente definida do que representa a "verdade" desejável. O resultado é claro: somente consumam a barganha mediante o preenchimento do déficit que aparentemente eles mesmos estabelecem. A exigência de correspondência entre o que se deseja ouvir e o que deve ser dito é tão grande que a insuficiência do relato para confirmar a convicção previamente definida do negociador basta para que a oferta seja imediatamente retirada da mesa.

O instituto já conspira para fazer do país uma República de delatores. Todos devem gravar não só o que é dito, como induzir eventuais peixes a comerem a isca, para que eventualmente tenham algo a oferecer no "mercado" caso se tornem potenciais clientes do sistema penal. Isso em si mesmo já seria suficientemente assustador e passível de fazer com que a vida diária se transforme em um exercício constante de paranoia. Mas o que mais impressiona é a guinada que a institucionalização da delação provoca na conexão do processo com a verdade, que ganha uma nova dimensão de sentido: se os inquisidores do pas-

---

185 Disponível em <<http://m.folha.uol.com.br/poder/2016/06/1776913-delacao-de-socio-da-oas-trava-apos-ele-inocentar-lula.shtml?cmpid=compfb>.

sado investigavam a alma do acusado e dela pretendiam extrair sua essência, os atuais engaiolam passarinhos para que cantem em coro uma ópera já ensaiada e que ameaça fazer do eventual acusado um convidado para a filmagem de um roteiro previamente escrito. Ele deixa de ser o ingrediente principal e se torna a cereja do bolo, enquanto a verdade é esquecida, entulhada. Simplesmente não merece atenção e, logo, não desperta maior interesse, já que está fora da moldura. É um novo processo penal, completamente diferente – e de certo modo, ainda mais autoritário – do que a tradição inquisitória gestada pelo obscurantismo religioso.

Vou confessar uma coisa. Sempre detestei dedo-duro. Desde criancinha. Por mais dividida que fosse uma turma, sempre tínhamos um princípio de solidariedade. Ninguém contava quem atirou a bolinha de papel amassado em sala de aula. Essa regra raramente era contrariada. Mas acima de tudo, a professora jamais oferecia nota para que alguém dissesse que foi um aluno específico – do qual por algum motivo ela não gostava – quem atirou a bolinha... e muito menos deixava de dar nota quando o candidato ao prêmio o inocentava. Talvez algo tenha se perdido no meio do caminho. Terá sido a verdade substituída pelo ódio?

Mais do que nunca, Carlos Drummond de Andrade é oportuno:

> A porta da verdade estava aberta,
> mas só deixava passar
> meia pessoa de cada vez.
> Assim não era possível atingir toda a verdade,
> porque a meia pessoa que entrava
> só trazia o perfil de meia verdade.
> E sua segunda metade
> voltava igualmente com meio perfil.
> E os dois meios perfis não coincidiam.
> Arrebentaram a porta. Derrubaram a porta.
> Chegaram a um lugar luminoso
> onde a verdade esplendia seus fogos.
> Era dividida em duas metades,
> diferentes uma da outra.
> Chegou-se a discutir qual a metade mais bela.
> As duas eram totalmente belas.
> Mas carecia optar. Cada um optou conforme
> seu capricho, sua ilusão, sua miopia.

PS: Em agosto de 2020, a 2ª Turma do Supremo Tribunal Federal anulou a sentença condenatória proferida pelo então juiz Sérgio Moro no caso Banestado. O fundamento consistiu no fato de que ele, como magistrado, não poderia ter participado das negociações feitas entre as partes, ou tomar depoimento dos envolvidos, como se fosse acusador no processo. Para Gilmar Mendes, Moro "atuou verdadeiramente como um parceiro do órgão de acusação na produção de provas que seriam posteriormente utilizadas nos autos da ação". Para Lewandowski, "[...] o juiz exerceu funções típicas dos órgãos competentes para investigação e acusação. (...) Atuou concretamente para produção da prova de acusação em sede de investigação preliminar". Este é um daqueles momentos nos quais constato, como na apresentação desta 3ª edição, que o olhar no calor do momento foi cristalino. Apesar de pequenas alegrias como essa, o estrago já foi feito e em grande escala. Quanto tempo levará até que práticas herdeiras da tradição inquisitória sejam finalmente erradicadas?

21.
LIVRE CONVENCIMENTO MOTIVADO: O IMPÉRIO DO DECISIONISMO NO DIREITO

Este texto não foi originalmente escrito como um fechamento para a 3ª edição de *Discurso de Ódio e Sistema Penal,* mas arremata muito bem os pontos de vista sustentados ao longo do livro. Ele contém aspectos históricos, críticos e propositivos. Nele eu enfrento algumas fragilidades significativas do direito processual penal contemporâneo, identificando avenidas através das quais o ódio encontrou espaço para prosperar e, ao mesmo tempo, proponho critérios que poderiam nos ajudar a interditar o eventual florescimento de decisionismo autoritários, como os que contribuíram para a ruína da República e a derrocada da democracia.

Dez anos após a publicação da primeira edição de "Ambição de verdade no processo penal", minha dissertação de mestrado, chegamos ao estado da arte do decisionismo judicial: prosperam de forma irrestrita no processo penal subjetividades autoritárias, que desconhecem quaisquer freios e controles. São tamanhas as liberalidades empreendidas que alguns juízes de hoje envergonhariam até os grandes inquisidores do passado, como Torquemada. O Direito é rotineiramente substituído pela moral e pelas predileções político-criminais de juízes que agem como agentes de segurança pública, verdadeiros vingadores sociais.

O processo é tratado como argila nas mãos de uma criança: quem dá forma a ele é o juiz e o poder de manipulação é aparentemente ilimitado. Basta eleger o fim pretendido e fazer do processo uma cruzada cujo resultado já é visivelmente antecipado.

Os limites ao exercício do poder punitivo progressivamente foram sendo ultrapassados: indevidos espaços de discricionariedade possibilitaram que a condenação em determinados processos fosse assegurada de antemão. Ela dependeu apenas do grau de voluntarismo dos juízes em questão, já que foi considerado aceitável que a verdade fosse produzida sem nenhuma espécie de lastro probatório. O chamado livre convencimento motivado parece ter sido reduzido a pó: tornou-se um ornamento retórico utilizado para conferir alguma legitimidade a decisões visivelmente arbitrárias, que refletiram os juízos morais de Moro e de magistrados que seguiram a sua cartilha. Fins nobres justificaram meios espúrios: a retórica de combate à corrupção legitimou o emprego de qualquer recurso, o que contribuiu decisivamente para a ruína da República e a derrocada da democracia. Bem-vindo ao império do decisionismo no Direito, contra o qual a possibilidade de resistência é mínima.

Em tese, o limite estava fortemente demarcado: não é apenas livre convencimento, mas livre convencimento motivado, que exige que o magistrado explicite os fundamentos da decisão e indique o lastro probatório no qual assenta a eventual condenação. Mas o dever de motivar a decisão não nos salvou do arbítrio e do autoritarismo. Pelo contrário: o chamado livre convencimento ainda tem servido de álibi retórico para as piores barbáries judiciárias. Condenações têm sido rotineiramente expedidas com alicerce probatório tão frágil quanto um castelo de cartas. Não há como escapar de uma conclusão: estamos diante de uma crise significativa no âmbito da valoração da prova. E ela é absolutamente decisiva para a definição do processo penal que (não) queremos e que foi decisivo para garantir novamente que sucumbiríamos, como nação, à tentação autoritária.

Uma rápida recapitulação permitirá tratar o assunto de forma adequada. São três os princípios de valoração da prova adotados na história recente: a) provas legais, certeza legal ou tarifamento legal; b) íntima convicção ou certeza moral e c) livre convencimento motivado ou convicção racional. Vamos a eles. Como observa Jacinto Nelson de Miranda Coutinho, "[..]é preciso repassar, sempre, os fundamentos; e os fundamentos dos fundamentos, de modo a que se possa ter uma base mais sólida e capaz de sustentar a resistência".[186]

---

186 COUTINHO, Jacinto Nelson de Miranda. Por que sustentar a democracia do sistema processual penal brasileiro. Em: < http://emporiododireito.com.br/leitura/por-que-sustentar-a-democracia-do-sistema-processual-penal-brasileiro>

PRINCÍPIOS DE VALORAÇÃO DA PROVA

a. Provas Legais, Certeza Legal ou Tarifamento Legal

O princípio de provas legais, certeza legal ou tarifamento legal reinou de modo incontestável durante o apogeu do processo inquisitório clássico, que dominou a Europa Continental do século XIII até o final do século XVIII. Ele contava com uma hierarquia classificatória de provas legais, que fazia da verdade legal uma arte complexa, acentuando seu aspecto de saber – que somente os especialistas podiam conhecer –, o que reforçava o princípio de segredo e distinguia a convicção do juiz da que qualquer homem razoável poderia ter.[187] O sistema inquisitório é fundado na ideia de prova legal, que se caracteriza pela vinculação do juiz a determinadas regras formais prefixadas, por força das quais a condenação deveria ser obrigatoriamente pronunciada, independentemente do convencimento do magistrado.[188] Reunidos os elementos determinados pela lei, o juiz era obrigado a condenar, independentemente de suas convicções pessoais. Nesta perspectiva, o ofício de julgar transforma-se de uma representação da reconstrução de um fato por meio de um método histórico-experiencial em uma aplicação da lei, ou seja, em recurso a um método formal.[189]

O tarifamento legal é típico de uma concepção fortemente autoritária de processo, concebido como instrumento capaz de procurar não uma verdade provável, senão real sobre os fatos, apta inclusive a justificar a tortura. Se o processo estava preordenado à obtenção de uma verdade absoluta, esta, como fim, poderia justificar o emprego de qualquer

---

187 FOUCAULT, Michel. Vigiar e punir: nascimento da prisão. Petrópolis: Vozes, 2008. p. 34.

188 MOURA, Maria Thereza Rocha de Assis. A prova por indícios no processo penal. São Paulo: Saraiva, 1994. p. 12. Como refere Badaró, ao tratar da prova legal ou tarifada, "em sua fase rudimentar, prevaleciam as ordálias ou juízos de Deus, bem como os duelos. A prova era revelada por Deus, sendo que o juiz apenas seguia tal resultado. Na evolução do sistema da prova legal, passou-se para a prova tarifada, no qual a lei estabelecia, previamente, quais eram os meios de prova aptos a provar cada fato e qual era o valor de cada meio de prova". BADARÓ, Gustavo Henrique Righi Ivahy. Direito processual penal: Tomo I. Rio de Janeiro: Elsevier, 2008. p. 208.

189 MAIER, Julio B. J. Derecho procesal penal I: fundamentos. Buenos Aires: Editores del Puerto, 2006. p. 321.

meio.[190] O tarifamento legal é um mecanismo estranho ao moderno processo penal, não porque falível, já que também são provas cuidadosamente apreciadas pelo juiz, mas porque repugna à ética judicial que a sorte do acusado se decida por um cálculo estatístico.[191] É característico do algoritmo inquisitório que o inquisidor investigue, buscando signos do delito e trabalhando sobre os acusados, pois, culpados ou inocentes, sabem todo o necessário para decisões perfeitas; trata-se apenas de fazê-los falar. A prova legal implica horizontes fechados e conclusões mecânicas.[192] Dessa forma, são requeridos indícios extraídos através de tortura. Os manuais indicam largas relações, distinguindo as mais urgentes e próximas: os juízes tinham as mãos livres, mas fingiam fazer cálculos; por último, no ambiente judicial circulavam nomenclaturas algebraicas (satirizadas por Voltaire) sobre as frações de prova e as respectivas somas.[193] O segundo fator de uma matemática probatória é o testemunho: são necessários dois testemunhos em perfeita concordância sobre o mesmo fato para condenar; é preciso que os testemunhos declarem em termos positivos, claros, constantes e antes de tudo incensuráveis, ou seja, que o acusado não os tenha recusado.[194]

As exigências que a lei impunha para condenar conduziam à aceitação da tortura do acusado para que confessasse, pois de outra maneira seria muito difícil condenar; por exemplo, quando a ação não havia ocorrido diante da presença de três testemunhas, ou não existiam suficientes indícios coincidentes, o que fez com que a confissão adqui-

---

190 IBÁÑEZ, Perfecto Andrés. Los 'hechos' en la sentencia penal. México: Fontamara, 2005. p. 67. Grifos do autor.

191 CORDERO, Franco. Procedimiento penal: Tomo II. Bogotá: Temis, 2000. p. 28.

192 CORDERO, Franco. Procedimiento penal: Tomo II. Bogotá: Temis, 2000. p. 29.

193 CORDERO, Franco. Procedimiento penal: Tomo II. Bogotá: Temis, 2000. p. 29.

194 CORDERO, Franco. Procedimiento penal: Tomo II. Bogotá: Temis, 2000. p. 29. Cordero assinala que esta prova depende de dois postulados: que tenham percebido e que deponham honestamente. A norma jurisprudencial sobre o assunto poderia ser formulada assim: é moralmente certo, ou pelo menos muito provável, que duas pessoas prudentes, íntegras, livres de fatores perturbadores como paixões ou interesses, digam a verdade sob juramento; e ainda que seja impossível estabelecer em cada caso se as testemunhas falam sem interesse e paixão, e que acabem se mostrando falsos, seria igualmente injusto e absurdo não acreditar em nenhuma, porque não podemos nos assegurar de que todos não mentem. CORDERO, Franco. Procedimiento penal: Tomo II. Bogotá: Temis, 2000. p. 30.

risse um valor superior entre todos os meios de prova.[195] Para Moura, "embora pudesse parecer que a finalidade da confissão era a busca da verdade material, na realidade desprezava ela a real apreciação jurídica da prova, tornando possível a condenação apenas em face do extremado apego às formas".[196] Como o critério adotado era o de provas legais, uma vez obtida a prova – basicamente a confissão –, cujos resultados eram documentados por escrito, o tribunal não realizava uma livre valoração de tais provas, apenas comprovava que havia sido produzida a prova legalmente requerida para a condenação.[197] Dessa forma, a confissão tornou-se uma engrenagem fundamental na maquinaria do sistema, ainda que de forma ambígua: por um lado é apenas mais uma prova, mas por outro, a confissão transcende as demais provas na medida em que ela representa o ato através do qual o acusado reconhece e aceita a acusação e sua fundamentação, em uma espécie de transação. Para Foucault, "pela confissão o próprio acusado toma lugar no ritual de produção da verdade penal [...] se compromete em relação ao processo; ele assina a verdade da informação".[198]

Dentro dessa estrutura processual, o poder não se contenta apenas em produzir a verdade unilateralmente, mas procura dobrar o acusado tido como inimigo e extrair dele a essência que confirmará a validade do inquérito conduzido. Por isso o acusado não é sujeito de direitos no processo, é corpo objetificado do qual é extraído o conhecimento. Todo o procedimento de extração da verdade por parte do acusado era rigorosamente ritualizado. A confissão era – e inclusive permanece

---

195 MAIER, Julio B. J. Derecho procesal penal I: fundamentos. Buenos Aires: Editores del Puerto, 2006. p. 299.

196 MOURA, Maria Thereza Rocha de Assis. A prova por indícios no processo penal. São Paulo: Saraiva, 1994. p. 13.

197 BACHMAIER WINTER, Lorena. Acusatorio *versus* inquisitivo. Reflexiones acerca del proceso penal. In: BACHMAIER WINTER, Lorena (Org.). Proceso penal y sistemas acusatorios. Madrid: Marcial Pons, 2XXX. p. 23.

198 FOUCAULT, Michel. Vigiar e punir: nascimento da prisão. Petrópolis: Vozes, 2008. p. 35. Como refere Foucault, "no interior do crime reconstituído por escrito, o criminoso que confessa vem desempenhar o papel de verdade viva. A confissão, ato do sujeito criminoso, responsável e que fala, é a peça complementar de uma informação escrita e secreta. Daí a importância dada à confissão por todo esse processo de tipo inquisitorial". FOUCAULT, Michel. Vigiar e punir: nascimento da prisão. Petrópolis: Vozes, 2008. p. 34-35.

sendo, mesmo fora das amarras da lógica de provas legais – uma peça essencial do sistema inquisitório.[199]

B. Íntima convicção ou certeza moral

Como observado, o critério de provas legais deu margem para incontáveis arbitrariedades. Em 1808, o Código de Instrução Criminal de Napoleão introduziu um novo sistema processual penal, definido como sistema misto. Fruto de um compromisso mal resolvido entre necessidades de repressão e garantia, promoveu um retorno inquisitório, dividindo o processo em duas dimensões: a primeira etapa seria inquisitória e a segunda, acusatória. Este modelo de dois períodos foi o arquétipo dos sistemas europeus continentais nos séculos seguintes, chegando também na América Latina.[200] Os Códigos napoleônicos e o processo misto de tipo continental trouxeram novamente as formas burocráticas e inquisitórias de jurisdição.[201] Além disso, também houve regresso ao esquema da Inquisição no que diz respeito à liberdade do acusado durante o processo, que não era garantida.[202] O Código resulta de um compromisso político-criminal entre a Ordenação de 1670 e a lei de processo de 1791, que propriamente expressava o sentimento da Revolução e estabeleceu um novo sistema de persecução penal, inspirado no sistema acusatório (ou adversarial) inglês. Desconsiderando-se a referência ao direito francês, pode ser dito que o

---

[199] Como arremata Jacinto Nelson de Miranda Coutinho, "muitas legislações aceitaram a previsão de possibilidade de o juiz incorrer em erro, no momento da valoração dos meios de prova utilizados, razão pela qual se fixou, na lei, uma hierarquia de valores referentes a tais meios. Veja-se, neste sentido, o sistema processual inquisitório medieval, no qual a confissão, no topo da estrutura, era considerada prova plena, a rainha das provas (*regina probationum*), tudo como fruto do tarifamento previamente estabelecido. Transferia-se o valor do julgador à lei, para evitar-se manipulações; e isso funcionava, retoricamente, como mecanismo de garantia do argüido, que estaria protegido contra os abusos decorrentes da subjetividade. Sem embargo, a história demonstrou, ao revés, como foram os fatos retorcidos, por exemplo, pela adoção irrestrita de tortura". COUTINHO, Jacinto Nelson de Miranda. Introdução aos princípios do Direito Processual Penal brasileiro. In: *Separata ITEC*, ano 1, nº 4 – jan/fev/mar 2000

[200] CORDERO, Franco. Procedimiento penal: Tomo I. Bogotá: Temis, 2000. p. 36.

[201] FERRAJOLI, Luigi. Direito e razão: teoria do garantismo penal. São Paulo: Revista dos Tribunais, 2002. p. 461.

[202] MAIER, Julio B. J. Derecho procesal penal I: fundamentos. Buenos Aires: Editores del Puerto, 2006. p. 354.

compromisso é estabelecido entre as máximas da Inquisição, ou seja, a persecução penal pública e a meta do procedimento como descoberta da verdade histórica e os princípios que, partindo da organização do Estado republicano, defendem a liberdade e dignidade humanas, que coincidiam com as formas acusatórias de processo.[203]

O suposto equilíbrio é uma falácia, já que o elemento essencial da epistemologia inquisitória foi preservado, com a possibilidade de quebra da gestão da prova nas mãos das partes, perspectiva que se consolidou ao longo da história, inclusive no sistema fundado pelo Código de Processo Penal brasileiro, de 1941. O sistema que daí decorreu ficou conhecido como sistema inquisitório reformado, ou sistema misto, assumindo os princípios inquisitórios de persecução penal pública e averiguação da verdade histórica, ainda que matizados pela afirmação de valores individuais referentes à dignidade humana.[204] Nasceu assim o processo misto, que satisfez aos anseios dos partidários da Ordenação inquisitória, uma vez que os debates eram uma contrapartida suportável à restauração da inquisição instrutória.[205] Na prática, o sistema rapidamente cumpriu o papel que se esperava dele, configurando um jogo de cena no qual a intenção dos investigadores originais sempre se sobrepunha no campo processual de corte supostamente acusatório, além de ser dada ao magistrado a prerrogativa de buscar a verdade em caso de dúvida, o que novamente chancelava a ambição de verdade inquisitória. É um sistema de processo penal do inimigo, que pouca consideração demonstra pelas garantias e direitos fundamentais do cidadão.

O caráter autoritário que o sistema inicialmente assumiu é indiscutível, já que o critério de valoração da prova era o da íntima convicção ou certeza moral. Segundo esse critério, não é necessário explicitar os motivos que levam a decisão: o juiz julga de acordo com seu convencimen-

---

203 MAIER, Julio B. J. Derecho procesal penal I: fundamentos. Buenos Aires: Editores del Puerto, 2006. p. 351-352.

204 MAIER, Julio B. J. Derecho procesal penal I: fundamentos. Buenos Aires: Editores del Puerto, 2006. p. 361.

205 CORDERO, Franco. Procedimiento penal: Tomo I. Bogotá: Temis, 2000. p. 59. Segundo o autor, a Ordenação criminal francesa de 1670 – obra-prima legislativa da época inquisitória – prescreve normas bastante severas sobre a admissão de causas de justificação, imperando um formalismo perverso, que sobreviveu ao antigo regime, na metástase inquisitória da qual saíram os sistemas mistos. CORDERO, Franco. Procedimiento penal: Tomo II. Bogotá: Temis, 2000. p. 274.

to pessoal, mas não precisa motivá-lo ou justificar o julgado, podendo levar em conta inclusive provas que não constam no processo, ou seja, trata-se de método muito distinto do livre convencimento motivado.[206]

Desse modo, era possível valorar dados probatórios obtidos inquisitorialmente, propiciando assim um verdadeiro arbítrio dos juízes na determinação dos fatos.[207] Segundo o critério de íntima convicção, o juiz não está obrigado a revelar como chegou à determinada conclusão, não sendo necessário fundamentá-la.[208] Para Taruffo, a concepção de íntima convicção é incompatível com uma concepção epistêmica de processo, pois acaba motivando e legitimando decisões puramente subjetivas e substancialmente arbitrárias, que nada tem a ver com a determinação da verdade.[209] Percebe-se que a intenção era realizar um sistema inquisitório em essência – pelos princípios materiais que o informavam – ainda que sob formas acusatórias (acusatório meramente formal).[210]

C. LIVRE CONVENCIMENTO MOTIVADO OU CONVICÇÃO RACIONAL

Chegamos finalmente ao busílis, como diria Lenio Streck: o livre convencimento motivado. Como observa Ibañez, "a primeira aparição do dever de motivar corresponde prioritariamente a exigências de caráter político: a busca de uma garantia contra o arbítrio".[211] Para o autor, a exigência de motivação corresponde a uma finalidade de controle do discurso probatório do juiz, com o objetivo de garantir ao máximo

---

206 BADARÓ, Gustavo Henrique Righi Ivahy. Direito processual penal: Tomo I. Rio de Janeiro: Elsevier, 2008. p. 208-209.

207 GOMES FILHO, Antônio Magalhães. A motivação das decisões penais. São Paulo: Revista dos Tribunais, 2001. p. 147.

208 MORA, Luis Paulino. La prueba como derecho fundamental. In: GONZÁLEZ-CUÉLLAR SERRANO, Nicolás (Dir.); SANZ HERMIDA, Ágata (Coord.). Investigación y prueba en el proceso penal. Madrid: Colex, 2006. p. 84-85.

209 TARUFFO, Michelle. Simplemente la verdad: el juez e la construcción de los hechos. Madrid: Marcial Pons, 2010. p. 185.

210 MAIER, Julio B. J. Derecho procesal penal I: fundamentos. Buenos Aires: Editores del Puerto, 2006. p. 362. Para Zilli, o sistema misto constitui uma inserção de aspectos acusatórios em estruturas inquisitórias. ZILLI, Marcos Alexandre Coelho. A iniciativa instrutória do juiz no processo penal. São Paulo: Revista dos Tribunais, 2003. p. 38.

211 IBÁÑEZ, Perfecto Andrés. **Los 'hechos' en la sentencia penal**. México: Fontamara, 2005. p. 43.

possível a racionalidade de sua decisão, no marco da racionalidade legal.[212] Como observa Lopes Jr., a motivação das decisões judiciais serve para o controle e eficácia do contraditório, e de que existe prova suficiente para derrubar a presunção de inocência.[213] Gössel aponta que o julgado não se limitará a meramente narrar os fatos que considera provados, mas motivará, de forma suficiente e razoável, como se chegou à convicção sobre o juízo histórico a que se chegou, destacando especialmente a ineficácia daquelas provas que foram obtidas direta ou indiretamente violando os direitos e liberdades fundamentais, o que não impede a valoração dos demais meios probatórios presentes nos autos.[214] Segundo Taruffo, se as provas disponíveis não são suficientes de acordo com o standard que a lei exige para uma determinação positiva, o juiz comporá uma narração negativa, que diga que os fatos relevantes do caso não foram determinados e que – em consequência – os enunciados relativos a esses fatos não podem ser assumidos como verdadeiros.[215] De acordo com Taruffo, a obrigação de motivar diz respeito particularmente ao juízo sobre os fatos.[216] O autor aponta que os filósofos do direito se ocuparam essencialmente da interpretação e aplicação de normas, sem aprofundar particularmente a análise dos fatos, salvo em termos de recondução (ou de subsunção) deles aos pressupostos normativos.[217] Ferrajoli aponta que o conjunto das normas conforma "[...]uma língua que condiciona transcendentalmente a linguagem operativa do juiz e, por sua vez, sua aproximação aos fatos que devem ser julgados. Equivale assim a um sistema de esquemas interpretativos do tipo seletivo, que recorta os únicos elementos do

---

212 IBÁÑEZ, Perfecto Andrés. **Los 'hechos' en la sentencia penal**. México: Fontamara, 2005. p. 85.

213 LOPES JR., Aury. **Direito processual penal e sua conformidade constitucional**. Rio de Janeiro: Lumen Juris, 2010. p. 201.

214 GUASP, Jaime; ARAGONESES, Pedro. **Derecho procesal civil**: tomo primero. Madrid: Civitas, 1998. p. 486.

215 TARUFFO, Michelle. **Simplemente la verdad**: el juez e la construcción de los hechos. Madrid: Marcial Pons, 2010. p. 67. Em relação a Taruffo, fica a pregunta: qual seria o limite para que o juiz considerasse encerrada sua pretensão de buscar a verdade e, logo, elaborasse a narração negativa referida pelo autor?

216 TARUFFO, Michelle. **Simplemente la verdad**: el juez e la construcción de los hechos. Madrid: Marcial Pons, 2010. p. 267.

217 TARUFFO, Michelle. Simplemente la verdad: el juez e la construcción de los hechos. Madrid: Marcial Pons, 2010. p. 226.

fato que reputa penalmente "relevantes" e ignora todos os demais. Está claro que esta disposição de ler a realidade sub specie juris gera uma forma de incompreensão, às vezes de cegueira, a respeito dos eventos julgados, cuja complexidade resulta por isso mesmo simplificada e distorcida.[218]

É inescapável a constatação de que existe um problema de formação, o que faz da livre apreciação da prova um problema gigantesco, que a exigência de motivação procura contornar. Dessa forma, a sentença condenatória terá de prestar contas à história, justificando através de provas contidas nos autos os motivos da condenação, como exigência da própria ideia de livre convicção, que parte do reconhecimento de que o juiz é um sujeito a quem cabe responsabilidade pela tomada de decisões relacionadas com a valoração da prova e com o julgamento do acusado: o juiz está obrigado a fundamentar e explicar os passos que o levaram a determinada conclusão.[219]

Ferrajoli aponta que diversamente de qualquer outra atividade jurídica, a atividade jurisdicional de um Estado de Direito é, além de prática ou prescritiva, uma atividade teorética; ou melhor é uma atividade que tem como justificação necessária uma motivação no todo ou em parte cognitiva [...] as sentenças penais, então, por força das garantias da estrita legalidade e da estrita submissão à jurisdição, exigem uma motivação que deve ser, ademais, fundada sobre argumentos cognitivos de fato e recognitivos de direito.[220]

Isso é necessário, pois como destaca Fazzalari, ainda quando se fala de 'livre convencimento' do juiz em relação à prova e ao fato, decerto se pressupõe e se exige o emprego, por parte do juiz, dos instrumentos e das proposições verificadas de que se disse, sem a qual o convencimento seria abandonado ao arbítrio e ao capricho, e até mesmo não poderia se formar.[221]

---

218 FERRAJOLI, Luigi. Direito e razão: teoria do garantismo penal. São Paulo: Revista dos Tribunais, 2002. p. 48.

219 MORA, Luis Paulino. La prueba como derecho fundamental. In: GONZÁLEZ-CUÉLLAR SERRANO, Nicolás (Dir.); SANZ HERMIDA, Ágata (Coord.). **Investigación y prueba en el proceso penal.** Madrid: Colex, 2006. p. 85-86.

220 FERRAJOLI, Luigi. **Direito e razão:** teoria do garantismo penal. São Paulo: Revista dos Tribunais, 2002. p. 436.

221 FAZZALARI, Elio. **Instituições de direito processual.** Campinas: Bookseller, 2006. p. 461.

A questão passou a ter enorme relevo a partir do momento em que foi abolida a concepção de provas legais.[222] Segundo Ferrer Beltrán, a livre valoração das provas somente é livre no sentido de que não está sujeita a normas jurídicas que predeterminem o resultado dessa valoração. A operação consiste em julgar o apoio empírico que um conjunto de elementos de juízo dá a uma hipótese e está sujeita aos critérios gerais da lógica e da racionalidade.[223] O autor considera que o conteúdo da motivação que juiz ou o tribunal deverá apresentar não será uma explicação do processo psicológico que o levou ao convencimento, mas uma justificação do cumprimento de um standard de prova por parte da hipótese que considera provada e uma justificação de que outras hipóteses não atingiram o nível de corroboração exigido pelo standard.[224] Para Ibañez, algo que singulariza a sentença penal como ato de poder do Estado é que a pena tenha que ter sido precedida de uma atividade de caráter cognoscitivo, de um standard de qualidade tal que permita ter como efetivamente produzido na realidade o que é afirmado como tal nos fatos tidos como provados. Ou seja, que é verdade que o acusado realizou a ação pela qual está sendo condenado.[225] Trata-se de uma garantia da qual não se pode abrir mão.[226]

---

222 Como destaca Taruffo, "la valoración de la prueba se sustrae del ámbito de las reglas jurídicas a partir del momento en que es atribuida al juez en lugar de al legislador: resulta así evidente que el fenómeno de la prueba no puede (o no puede ya) disolverse en las normas que regulan". TARUFFO, Michele. **La prueba de los hechos**. Madrid: Trotta, 2005. p. 23.

223 FERRER BELTRÁN, Jordi. **La valoración racional de la prueba**. Madrid: Marcial Pons, 2007. p. 45.

224 FERRER BELTRÁN, Jordi. **La valoración racional de la prueba**. Madrid: Marcial Pons, 2007. p. 151. Em concordância, Taruffo considera que a narrativa pode ser produto de uma atividade muito complexa, mas não é uma descrição ou reprodução dessa atividade; não é um relato do *iter* lógico-psicológico que o juiz seguiu até atingir a formulação final da decisão. TARUFFO, Michelle. **Simplemente la verdad: el juez e la construcción de los hechos**. Madrid: Marcial Pons, 2010. p. 267.

225 IBÁÑEZ, Perfecto Andrés. **Los 'hechos' en la sentencia penal**. México: Fontamara, 2005. p. 113.

226 Para Muñoz Conde, "La necessidad de una motivación de las decisiones judiciales, entendida como argumentación intersubjetiva, comunicable linguísticamente, y racionalmente verificable de las razones por las que se há llegado a uma determinada valoración y, por tanto, a una decisión en base a ella, es, pues, la lógica consecuencia de un proceso penal respetuoso con las libertades y derechos fundamentales de los ciudadanos implicados en il mismo". MUÑOZ CONDE, Francisco.

Gomes Filho permite esboçar uma importante provocação. O autor reflete que ao possibilitar o controle do itinerário lógico seguido pelo juiz para chegar à decisão, a motivação realiza a importante função de assegurar a efetividade do contraditório, evidenciando se as diversas escolhas adotadas durante aquele percurso resultaram da positiva apreciação das provas e argumentos trazidos pelas partes ou, ao contrário, constituem produto de ponderações solitárias do autor do provimento, sem consideração ao que foi trazido pelo diálogo processual.[227]

O processo é um lugar no qual não deve prosperar a discricionariedade ilimitada do juiz.[228] Como afirma Lopes Jr., "A fundamentação das decisões, a partir dos fatos provados (cognoscitivismo), refutáveis e de argumentos jurídicos válidos é um limitador (ainda que não imunizador) dos juízos morais. Esse é um espaço impróprio de subjetividade que sempre estará presente (não existe juiz neutro), mas que o sistema de garantias deve buscar, constantemente, desvelar e limitar".[229]

Calamandrei faz crítica semelhante, aproximando-se muito de reflexões de Franco Cordero: "embora se continue a repetir que a sentença pode se reduzir esquematicamente a um silogismo no qual, a partir das premissas dadas, o juiz tira a conclusão apenas em virtude da lógica, às vezes acontece que o juiz, ao formar a sentença, inverta a ordem normal do silogismo; isto é, encontre antes a conclusão e, depois, as premissas que servem para justificá-la". [230] O autor aponta que "Sabido

---

La búsqueda de la verdad en el proceso penal. Buenos Aires: Hammurabi, 2003. p. 115.

227 GOMES FILHO, Antônio Magalhães. **A motivação das decisões penais**. São Paulo: Revista dos Tribunais, 2001. p. 100-101.

228 Para Taruffo, " La concepción de la motivación como justificación racional del juicio, válida en línea general también por otras muchas razones, encuentra un apoyo particular en la exigencia de control que deriva de la discrecionalidad del juez en la utilización y en la valoración de las pruebas: así concebida, la motivación cumple precisamente la función de control de aquella discrecionalidad, obligando al juez a justificar sus propias elecciones y haciendo posible un juicio posterior sobre ellas, en el proceso y fuera del proceso". TARUFFO, Michele. **La prueba de los hechos**. Madrid: Trotta, 2005. p. 436.

229 LOPES JR., Aury. **Direito processual penal e sua conformidade constitucional**. Rio de Janeiro: Lumen Juris, 2010. p. 527.

230 CALAMANDREI, Piero. **Eles, os juízes, vistos por um advogado**. São Paulo: Martins Fontes, 1996. p. 176.

é que a motivação da sentença que logicamente deveria nascer como premissa da parte dispositiva, muitas vezes se constrói depois, como justificação a posteriori de uma vontade já fixada precedentemente por motivos morais ou sentimentais. Também das provas se pode dizer algo similar: muitas vezes servem ao juiz, não para persuadi-lo, senão para revestir de razões aparentes uma persuasão já formada por outras vias".[231]

Gomes Filho se aproxima desse raciocínio e reconhece a existência de espaços de indevida discricionariedade, ao considerar que "Ao exigir que o juiz expresse na motivação os fundamentos de sua deliberação, a lei não visa outra coisa senão fazer com que as razões sejam consideradas na decisão; se é verdadeiro que, na prática, muitas vezes o juiz delibera utilizando suas impressões pessoais e, depois, apresenta outros motivos, o valor do dever legal de motivar está exatamente em assegurar a superação dessa assimetria".[232] Como observa Calamandrei, "quantas vezes a fundamentação é uma reprodução fiel do caminho que levou o juiz até aquele ponto de chegada? Quantas vezes o juiz está em condições de perceber com exatidão, ele mesmo, os motivos que o induziram a decidir assim?".[233]

Para Gössel, a convicção do juiz acerca da justiça do caso concreto transcende o âmbito da averiguação e esclarecimento dos fatos.[234] Para Ferrajoli, o juiz "não é bouche de la loi nem mesmo no seu modelo teórico e ideal; e muito menos o é na sua atuação prática, conferindo-lhe a

---

231 CALAMANDREI, Piero. **Direito processual:** volume III. Campinas: Bookseller, 1999. p. 247.

232 GOMES FILHO, Antônio Magalhães. **A motivação das decisões penais**. São Paulo: Revista dos Tribunais, 2001. p. 114. Novamente temos que provocar: por que então, legitimar a busca pela verdade e com isso favorecer o florescimento incontrolado de tais impressões pessoais?

233 CALAMANDREI, Piero. **Eles, os juízes, vistos por um advogado**. São Paulo: Martins Fontes, 1996. p. 175.

234 GÖSSEL, Karl H. El principio de estado de derecho en su significado para el procedimiento penal. In: **El derecho procesal penal en el estado de derecho:** obras completas. Santa Fé: Rubinal-Culzoni, 2007. p. 26. Surpreendentemente o autor reconhece essa subjetividade e, mesmo assim, subscreve ao ideal de busca da verdade, limitando-se a dizer que ela não deve ser perseguida a qualquer custo. Trata-se mais um dos (muitos) casos em que os autores não levam o raciocínio a sua conclusão lógica.

lei espaços mais ou menos amplos de disposição".[235] Segundo Ibañez, é na reconstrução ou elaboração dos fatos que o juiz é mais soberano, mas ao mesmo tempo dificilmente controlável, fazendo deste aspecto aquele em que o juiz foi e não em poucas ocasiões permanece sendo mais arbitrário.[236] Não é por acaso que ele refere que os juízes se surpreenderiam caso se tornassem conscientes da densidade das questões epistemológicas e a notável complexidade dos processos lógicos implícitos no mais elementar dos raciocínios dos quais habitualmente fazem uso.[237]

Para Lopes Jr., "a legitimação da decisão se dá através da estrita observância das regras do devido processo. São essas regras que, estruturando o ritual judiciário, devem proteger do decisionismo e também do outro extremo, onde se situa o dogma da completude jurídica e o paleopositivismo".[238] Como observa Calamandrei, "Nem sempre sentença bem fundamentada quer dizer sentença justa, e vice-versa. Às vezes, uma fundamentação negligente e sumária indica que o juiz, ao decidir, estava tão convencido de que sua conclusão estava correta que considerava perda de tempo pôr-se a demonstrar a evidência; do mesmo modo que, outras vezes, uma fundamentação prolixa e acurada pode revelar no juiz o desejo de dissimular a si mesmo e aos outros, à força de arabescos lógicos, sua perplexidade".[239]

LIVRE CONVENCIMENTO MOTIVADO: UM ESTUDO DE CASO... E UM CHOQUE DE REALIDADE

A sentença de Moro que condenou o ex-presidente Lula é paradigmática. Ela definitivamente sepulta a ideia de que o livre convencimento "motivado" é capaz de barrar a tentação autoritária de magistrados que decidem primeiro e depois se preocupam em preencher o déficit que representa a eventual falta de prova. São 238 páginas de ilações, abs-

---

235 FERRAJOLI, Luigi. **Direito e razão:** teoria do garantismo penal. São Paulo: Revista dos Tribunais, 2002. p. 439.

236 IBÁÑEZ, Perfecto Andrés. **Los 'hechos' en la sentencia penal**. México: Fontamara, 2005. p. 47.

237 IBÁÑEZ, Perfecto Andrés. **Los 'hechos' en la sentencia penal**. México: Fontamara, 2005. p. 48.

238 LOPES JR., Aury. **Direito processual penal e sua conformidade constitucional**: volume II. Rio de Janeiro: Lumen Juris, 2010. p. 350.

239 CALAMANDREI, Piero. **Eles, os juízes, vistos por um advogado**. São Paulo: Martins Fontes, 1996. p. 180-181.

trações e conjecturas que têm a mesma solidez que um saco cheio de vento: não se sustentam sozinhas. Tem toda razão Lenio Streck quando aponta que o Carnaval superou o Direito: eles têm critérios objetivos de avaliação, enquanto não há nenhuma espécie de critério seguro para apreciação da prova penal.[240] Os textos de Afrânio da Silva Jardim, Agostinho Ramalho Marques Neto, Beatriz Vargas Ramos, Dalmo de Abreu Dallari, Juarez Cirino dos Santos, Juarez Tavares, Marcio Sotelo Felippe, Pedro Estevan Serrano, Rômulo de Andrade Moreira (para citar apenas alguns) não são menos contundentes. Para Geraldo Prado, "A complexidade da jurisdição penal nos dias atuais, com o alargamento dos espaços de incidência de soluções penais que abdicam do conhecimento dos fatos como lastro empírico para o ato decisório, aponta para uma realidade em que o acolhimento da tese é questionado por deliberações de política criminal e pela pressão da comunicação social".[241]

O caso em questão ilustra muito bem o quanto é perigosa a imbricação entre moral, comunicação social e decisão judicial. Moro não tinha saída: precisava condenar. Sua reputação e a credibilidade de todo o trabalho da Operação Lava Jato dependiam da condenação do ex-presidente Lula. Não é por acaso que todos sabiam de antemão o resultado de um processo que era verdadeiramente infalível. Nenhum outro desfecho era possível.

Apesar de estar ciente do nível estratosférico de escrutínio a que sua sentença condenatória seria submetida, Moro não esteve à altura da missão que propôs a si mesmo: a montanha pariu um rato e com isso demonstrou que o livre convencimento não é freio suficiente para conter os juízos morais de magistrados comprometidos com hipóteses condenatórias, motivo pelo qual precisamos enfrentar certas questões de modo incisivo, ou a inquisição continuará a prosperar, ainda que de forma velada.

Jacinto Nelson de Miranda Coutinho é enfático: "Depois de oito séculos – não se deve duvidar –, a superação do sistema processual penal inquisitório não é simples e nem haveria de ser. Sendo uma opção po-

---

240 STRECK, Lenio. A sentença de Moro é a prova de que a livre apreciação da prova deve acabar. In: PRONER, Carol; CITTADINO, Gisele; ROCOBOM, Gisele; DORNELLES, João Ricardo. Comentários a uma sentença anunciada: o processo Lula. Bauru: Canal 6, 2017. p. 288.

241 PRADO, Geraldo. Prova penal e sistema de controles epistêmicos. São Paulo: Marcial Pons, 2014. p. 19.

lítica por excelência é, também, ideológica e, assim, serve sobremaneira aos sentidos que aproveitam a alguns, em geral detentores do poder ou seus fantoches. O dilema dessa gente, hoje, é a Constituição (antes de tudo), a qual tratam de tentar driblar pela via de uma hermenêutica marota que autoriza, inclusive, exegeses inconstitucionais. A luta deles – sabe-se bem – não é simples. Mas como estão do lado do poder tendem a dificultar imensamente e com todas as forças a efetivação da Constituição. O preço que se paga pelo atraso – também se sabe – diz com uma moeda muito cara: a carência de cidadania. Mas assim caminha a humanidade...".[242] Coutinho aponta que " a questão continua sendo a plena possibilidade de manipulação da lei pelos operadores do direito, contra a qual todos os mecanismos de controle eminentemente jurídicos fracassaram, a começar, no campo processual – e em particular no processual penal –, pelo princípio do livre convencimento: basta a imunização da sentença com requisitos retóricos bem trabalhados e o magistrado decide da forma que quiser, sempre em nome da "segurança jurídica", da "verdade" e tantos outros conceitos substancialmente vagos, indeterminados, que, por excelência, ao invés de perenes e intocáveis, devem ser complementados e ampliados em razão das necessidades reais da vida; só não podem servir de justificação descentrada (e ser aceitos como tal), isto é, legitimadora de uma mera aparência".[243] Coutinho alerta que "O importante, enfim, neste tema, é ter-se um julgador consciente das suas próprias limitações (ou tentações?), de modo a resguardar-se contra seus eventuais prejulgamentos, que os tem não porque é juiz, mas em função da sua ineliminável humanidade".[244]

Mas quem nos resguarda quando a manipulação é deliberada e o magistrado acredita que agindo assim desempenha a função que se espera dele em uma cruzada? Moro se agarrou publicamente no álibi retórico do livre convencimento motivado e utilizou de modo grosseiro expressões como "standard de prova" e "acima de qualquer dúvida razoável".

---

242 COUTINHO, Jacinto Nelson de Miranda. Por que sustentar a democracia do sistema processual penal brasileiro. Em: < http://emporiododireito.com.br/leitura/por-que-sustentar-a-democracia-do-sistema-processual-penal-brasileiro>

243 COUTINHO, Jacinto Nelson de Miranda. O papel do juiz no novo processo penal. Em: < http://emporiododireito.com.br/leitura/o-papel-do-novo-juiz-no-processo-penal>

244 COUTINHO, Jacinto Nelson de Miranda. Introdução aos princípios do Direito Processual Penal brasileiro. In: *Separata ITEC*, ano 1, nº 4 – jan/fev/mar 2000

Mas o standard que Moro sustentou é tão fraco que contraria de forma flagrante uma concepção epistêmica de processo. Ele simplesmente fez uma inversão ideológica que colocou o acusado na insustentável posição de provar que é inocente, "acima de qualquer dúvida". A presunção com a qual ele julgava é nitidamente de culpabilidade e ela será inexoravelmente consolidada, já que o «livre convencimento» já estava formado desde o princípio: o processo é uma marcha gradual rumo à condenação.

Streck denuncia que parcela significativa da dogmática jurídica não contesta o livre convencimento, a livre apreciação da prova e outras coisas como a falta de uma teoria da decisão.[245] Jacinto Nelson de Miranda Coutinho aponta que "Para a sentença, o limite ao eventual ato solipsístico repousa sobremaneira na Constituição da República, mormente no chamado Livre Convencimento (que se deve saber bem o que é, em que pese o nome ruim) e no Devido Processo Legal que, no Brasil, parte da adoção da teoria fazzalariana do processo como procedimento em contraditório. É pouco, sem dúvida. Mas, na falta de uma pertinente teoria da decisão pode e deve ser considerado um avanço se comparado ao quadro quase anômico oferecido pela base constitucional anterior a 1988 [...]".[246] O autor é enfático: "Vale salientar que, por evidente, tal princípio do livre convencimento não deve implicar numa valoração arbitrária da prova por parte do juiz [...] faz-se imprescindível reconhecer que o princípio do livre convencimento pode ser manipulado pelo julgador, razão por que a consciência de tanto é necessário a fim de controlar-se, dando efetividade à garantia constitucional".[247]

Parece claro que o livre convencimento motivado tem sido deturpado para permitir que o processo penal permaneça refém de matrizes autoritárias e mentalidades inquisitórias, como as que foram utilizadas para viabilizar o empreendimento de ruína da República e derrocada da democracia. Geraldo Prado aponta que "O processo penal, pois, não

---

245 STRECK, Lenio. O que é decidir por princípios? A diferença entre a vida e a morte. Em: < https://www.conjur.com.br/2015-ago-06/senso-incomum-decidir-pri ncipios-diferenca-entre-vida-morte>

246 COUTINHO, Jacinto Nelson de Miranda. Barbárie do processo penal não pode ser enfrentada apenas com retórica. Em: < https://www.conjur.com.br/2015-set-25/ limite-penal-barbarie-processo-penal-nao-enfrentada-apenas-retorica>

247 COUTINHO, Jacinto Nelson de Miranda. Introdução aos princípios do Direito Processual Penal brasileiro. In: *Separata ITEC*, ano 1, n° 4 – jan/fev/mar 2000

deve traduzir mera cerimônia protocolar, um simples ritual que antecede a imposição do castigo previamente definido pelas forças políticas, incluindo-se nesta categoria os integrantes do Poder Judiciário".[248] Como observa Taruffo, se o direito é o mundo da decisão, o processo é o contexto jurídico em que essa característica do direito se manifesta com maior evidência: a decisão é um elemento estrutural do processo, que pode ser entendido como um mecanismo intrinsecamente dirigido a produzir uma decisão.[249] Incrivelmente, não há uma teoria da decisão que proponha critérios minimamente seguros e objetivos para limitar os danos decorrentes de interpretações arbitrárias, apesar da extraordinária importância do tema.

CONTRIBUIÇÃO PARA UMA TEORIA DA DECISÃO

Elaborar uma teoria da decisão é tarefa inadiável diante do estado de coisas na atual quadra histórica. É uma missão que exige dedicação e ambição e para a qual eu não me sinto capacitado para concluir. Mas isso não significa que eu não possa contribuir com apontamentos que visam explicitar a complexidade dos processos que envolvem não apenas a tomada de decisão, mas especialmente, a exteriorização narrativa da convicção do magistrado.

Penso que é necessário refletir sobre a livre apreciação da prova e sobre o que representa sua intersecção com o que defino como fenômeno narrativo, como discuto exaustivamente em "*A busca da verdade no processo penal: para além da ambição inquisitorial*" (3ª edição, Editora Letramento/Casa do Direito).

Genericamente, pode ser referida a existência de uma percepção vulgar do fenômeno narrativo. Ela consiste na crença de que a narrativa é um meio neutro, naturalmente apropriado para descrever as coisas. Ou seja, trata-se de um discurso em que é empregada a linguagem ordinária para descrever e contar uma história. Nesse sentido, relata uma história real (de fato vivida), que tem apenas de ser extraída das evidências dispostas para ter sua verdade reconhecida imediata e intuitivamente. Dessa forma, relatos de eventos já estabelecidos como fatos podem ser classificados com base em sua fidelidade ao registro factual

---

248 PRADO, Geraldo. Prova penal e sistema de controles epistêmicos. São Paulo: Marcial Pons, 2014.p. 17.

249 TARUFFO, Michelle. Simplemente la verdad: el juez e la construcción de los hechos. Madrid: Marcial Pons, 2010. p. 219.

e sua coerência e compreensibilidade em relação a ele. O resultado de tudo isso é que a sentença só pode ser a expressão da verdade correspondente (ao real), consistindo apenas na exteriorização da convicção do juiz, que expressa uma relação de adequação com o passado, devidamente transposta para uma narrativa.

Sem dúvida, a falta de compreensão a respeito do que consiste uma narrativa representa um obstáculo para a superação da insuficiência do regime de verdade correspondente e dos frágeis critérios de valoração da prova que temos. Uma narrativa absolutamente excede ao significado que lhe atribui sua percepção vulgar. Ela envolve recursos que compõem um enredo e fazem de seus elementos (personagens, objetos, situações, enfim: a trama) um todo significativo. Além disso, toda narrativa histórica envolve um sistema de referências, que emprestam sentido ao que sendo descontínuo, passa a parecer unívoco e verdadeiro. Seguir uma história é avançar no meio de contingências e de peripécias em meio a uma espera que encontra realização na conclusão. Essa conclusão não é logicamente implicada pelas premissas anteriores. Ela dá à história um "ponto final", o qual, por sua vez, fornece o ponto de vista através do qual a narrativa visa demonstrar como e por que os episódios sucessivos conduziram a essa conclusão. Conclusão que não é apenas previsível, pois deve ser finalmente aceitável, como congruente com os episódios reunidos.[250]

Ainda que os critérios de validade – as provas – demonstrem se a narrativa faz jus ao embasamento referencial exigido para fundamentar uma condenação, seu caráter será sempre analógico, jamais correspondente. Afinal, além da própria limitação analógica dos rastros do passado (expressão que designa o que entendo por prova na epistemologia da passeidade que proponho), a narrativa é conectada com a experiência vivida de quem escreve e que necessariamente agregará algo seu à formação de convicção e sua exteriorização. Portanto, não é uma escrita de "lugar nenhum" e, logo, suas estratégias de convencimento são determinadas em função de condições e de relações de poder que diferem cultural e historicamente e que vão variar de acordo com a tradição a que se vinculam os juízes em questão.

---

250 RICOUER, Paul. **Tempo e narrativa, tomo I**. Campinas, SP: Papirus, 1994. p. 105.

Além disso, não pode ser esquecido que a fundamentação não diz respeito somente a uma trama que se visa representar. Não há como não reconhecer que a ambição básica de qualquer argumentação – inclusive da narrativa decisória – é o convencimento, para o qual se vale de estratégias. Toda argumentação necessitará embasamento. Seja isso desejável ou não, a motivação não remete somente às provas, mas abrange uma série de elementos externos à própria formação e demonstração de convicção. Nesse sentido, a argumentação que empresta coerência e atribui significado ao que é na verdade descontínuo também irá incluir outras estratégias de convencimento, que não se ligam ao processo propriamente dito. Há todo um investimento de sentido na medida em que serão "colados" a essa fabricação uma série de elementos pertencentes ao corpo de saber de uma disciplina – referências normativas, jurisprudenciais e de doutrina –, que são inteiramente outros em relação aos fatos, mas que são de enorme capacidade no sentido de proporcionar um efeito de verdade à narrativa. A questão é que para que a narrativa não se torne a expressão de uma violência, esse investimento de sentido deve ser um reforço e não uma forma de velamento da fragilidade do núcleo probatório.

Temos que ter em mente que ao exercer sua imaginação criativa, o autor dispõe de um conjunto estável de elementos jurídicos que conferem um empréstimo de sentido, conferindo coerência aos argumentos da sentença e impondo aparência de unidade. Nesse efeito de coerência reside um grande perigo. Se uma narrativa literária ou cinematográfica é capaz de inverter sucessões temporais de forma descontínua, para atribuir um efeito de suspense, mistério e, por fim, revelação, em uma sentença a cronologia é sempre rigorosamente respeitada devido à sua função de verdade. A magia da narrativa está em ser capaz de, através de uma cronologia, integrar até mesmo os contrários em uma aparente compatibilidade dada pela unidade de sentido. Dessa forma, o elemento aberrante pode ser considerado como exceção, ou fruto do mero acaso; o que causa conflito pode ter outra posição atribuída na cronologia; e aquilo que se deseja ausente simplesmente não se contempla, ou é contemplado de forma a ter pouca relevância no sentido do texto. Como observa Dohring, há um elemento inventivo na formação do quadro conjunto: uma imagem compreensiva do fato somente pode ser obtida mediante o emprego de fantasia combinatória, que conduz ao esclarecimento das relações obscuras entre as provas. Por outro lado, o julgador deve ser cuidadoso no seu emprego, pois pode perder-se em especulações fantásticas sem valor de verdade.[251] O autor aponta que sempre que se serve dela adequadamente, a imaginação capacita o operador ao estabelecimento de ligações entre elementos fáticos à primeira vista desconexos das vinculações de ideias que conduzem ao esclarecimento do fato. Ela possibilita ordenar o conjunto inicial de fatos singulares para formar um quadro conjunto harmônico, consequente e dotado de sentido.[252] No entanto, mesmo que o Döhring esteja apreciando essa possibilidade de forma positiva, fica claro que o perigo de produção de danos é imenso.

Diante da problematização inicial que apresentei, a questão que se coloca é: o que o juiz fabrica quando se torna um escritor e se afasta das provas, ou opera a partir de um núcleo probatório por ele elaborado e, logo, que é decididamente fantasmagórico, eis que fundado em evidências não corrigidas pelo contraditório?[253]

A sentença, enquanto narrativa, permite uma série de imposições de sentido, sendo que um dos mais evidentes é a sua curiosa estrutura cronológica. Trata-se de uma escrita que toma como ponto de partida o ponto de chegada, pois quem escreve já decidiu e narra para fundamentar a decisão previamente eleita, embora a estrutura narrativa da sentença esconda isso a partir da aparência de rigorosa linearidade temporal.

O narrador que produz uma sentença condenatória sempre trabalha para encontrar um presente que é o término de um percurso, produzindo na narrativa um recorte dentro do tempo, que compreende o evento ao qual ela se refere. A narrativa parte de um ponto zero que o autor estabelece e que termina com a ocorrência de um fato típico, antijurídico e culpável, ensejando a aplicação do poder punitivo, de modo que uma inteligibilidade é construída a partir de uma normatividade. Como não é possível experimentar concretamente as provas quando se lê uma sentença, esse déficit de verificabilidade é substituído por um acréscimo de autoridade que compensa a falta de rigor, com a moldura do fato típico, antijurídico e culpável. Dessa forma, o

---

251 DÖHRING, Erich. **La investigacion del estado de los hechos en el proceso:** la prueba su pratica y apreciacion. Buenos Aires: EJEA, 19XX. p. 407.

252 DÖHRING, Erich. **La investigacion del estado de los hechos en el proceso:** la prueba su pratica y apreciacion. Buenos Aires: EJEA, 19XX. p. 407.

253 Ver CUNHA MARTINS, Rui. O ponto cego do Direito: the brazilian lessons. São Paulo: Atlas, 2010.

estabelecimento desse ponto zero implica um poder quase divino que só pode operar no tempo do mito, no tempo do "era uma vez...", pois é um recorte de temporalidade que de tal forma isola aquele evento da vida de suas estruturas, de seus precedentes e consequentes, que pode se perguntar até que ponto ele pode fazer sentido sem eles, quanto mais conduzir a uma condenação.

Em alguma medida essa condição é inevitável, pois é dada pela própria estrutura linguística de tratamento jurídico dos fenômenos da vida. Mas, por outro lado, essa mesma estrutura pode permitir o florescimento de um conjunto de estratégias decisionistas por definição, pois é justamente esse "fechamento" que pode permitir um ilegítimo empréstimo de coerência à narrativa, que por excelência parece ter sido escrita por um narrador que tudo sabe, que tudo vê e que esteve presente em todos os lugares. Ou seja, que detém um ponto de vista privilegiado, semelhante ao de Deus.

Dessa forma, uma perversa inteligência narrativa pode vir a ocupar o lugar da cognição e ocultar a fragilidade do núcleo probatório, reduzindo a importância das provas na formação de convicção. Uma vez que é um ato de criação, a narrativa decisória pode ser deliberadamente construída para constituir-se em um relato autônomo em seu significado, referenciando a si próprio constantemente de forma circular até constituir-se em uma argumentação, que quando muito bem feita é – quase – indestrutível. Para municiar essa intenção, pode tomar empréstimos da doutrina, da jurisprudência e do próprio direito positivado, o que lhe dá a aparência de uma produção coletiva. Desse modo, a escrita pode acionar encadeamentos científicos para experimentar com objetos não científicos; no singular do saber, pode evocar a pluralidade de outros argumentos, que reforçam sua intenção decisória. A linguagem evocada comprova o discurso, confere a ele um efeito de real, chancelado pela autoridade citada. Dessa forma, permite que o texto aparente fazer parte de uma cultura, de uma tradição, através da credibilidade referencial, favorecendo o efeito de verdade. Ao mesmo tempo, dissimula o lugar de onde se fala, suprimindo o "eu" do autor, pelo peso do saber jurídico.

Portanto, fica mais do que claro que a sentença não é uma simples narrativa que expressa a transcrição de uma convicção clara e límpida, depurada de todos os elementos de crença. Mesmo que aquele que narra não o faça movido por insaciável ambição de verdade, inevitavelmente se avalia porque um fator pesa mais do que outro na tessitura do texto e ainda que isso também esteja presente em outras narrativas, não é como componente de uma estratégia argumentativa, visando um caráter decisório. Como observa Ricoeur, o poeta apenas produz; o juiz produz e argumenta. Vira advogado de sua sentença.[254]

A doutrina não está alheia à questão: para Cordero, são dois os significados que podem ser atribuídos ao vocábulo motivação: no sentido mais restrito, significa causa da decisão; e todo requisito resulta cumprido quando coincidem fato e norma; no sentido forte, motivar é uma operação dialética; quem elabora os motivos fala a um auditório ideal, explicando por que decidiu assim; a parte dispositiva é pura autoridade; os motivos expressam a intenção de persuasão.[255] Como observa Gomes Filho, "As ideias de persuasão e convencimento supõem, de um lado, a existência de um auditório ao qual se dirige a argumentação justificativa; de outro, implicam a adoção de certo tipo de razões a serem utilizadas em cada contexto; acima de tudo, a persuasividade ou eficácia da justificação vai depender da adequação das razões apresentadas em cada momento a determinado auditório".[256]

Portanto, trata-se de uma escrita que é pautada por estratégias de convencimento que buscam fazer com que o leitor acredite que realmente os fatos transcorreram como consta na sentença. De um lado, a intenção é representar o passado com a maior equivalência possível; de outro lado se deseja convencer o leitor de que há esta equivalência e, se possível, de que ela é plena: nessa dimensão reside o perigo de que uma argumentação possa ser construída como efeito de sedução e não como algo vinculado a provas estabelecidas no processo. Não é por acaso que Cordero aponta que o ideal é que nenhuma motivação seja composta como "ensaio de persuasão", com intenções autoapologéticas que estimulam estratégias argumentativas; melhor seria se deta-

---

254 Para Ricoeur, "O historiador se encontra em situação semelhante à do juiz: é posto numa situação real ou potencial de contestação e tenta provar que tal explicação vale mais que outra. Busca, pois 'garantias' no primeiro plano das quais vem a prova documental. Uma coisa é explicar narrando. Outra é problematizar a própria explicação para submetê-la à discussão e ao julgamento de um auditório, senão universal, ao menos reputado como competente, composto por pares do historiador." RICOUER, Paul. **Tempo e narrativa, tomo I**. Campinas, SP: Papirus, 1994. p. 252.

255 CORDERO, Franco. **Procedimiento penal**: Tomo II. Bogotá: Temis, 2000. p. 289.

256 GOMES FILHO, Antônio Magalhães. **A motivação das decisões penais**. São Paulo: Revista dos Tribunais, 2001. p. 117.

lhasse por que decidiu de determinada maneira, revelando a autêntica causa em língua acessível a todos.[257]

Por outro lado, existem autores que desconsideram a questão. É o caso do próprio Taruffo. O autor observa que uma narrativa é construída precisamente com a intenção de dar sentido a um conjunto fragmentário de peças discursivas.[258] No entanto, apesar dessa constatação, ele entende que o juiz não tem intenção de persuadir e que não conta com nenhuma tese pré-constituída a demonstrar; para ele, o juiz deve justificar sua decisão e a motivação da sentença não tem função persuasiva.[259] Trata-se de mais um dos meus muitos pontos de discordância com o autor, pois entendo que a função de persuasão é geneticamente parte do que constitui uma narrativa e que é preciso estar alerta para a possibilidade de a narrativa tornar-se um veneno, através da violência da interpretação: quando a narrativa impõe consonância onde há dissonância, dando forma ao que é disforme, só pode ser concebida como o rebento dessa violência.[260]

É preciso pensar em um modelo narrativo apto a responder ao campo de questões que os eventos passados suscitam e ao mesmo tempo reconhecer que todo o modelo tem limites: nunca se chegará à tão sonhada verdade correspondente (ao real) e atribuir ao juiz a função de buscá-la é um equívoco grosseiro. Precisamos de freios e limites: os processos não podem continuar a depender da bondade e imparcialidade dos juízes, algo do qual não temos como nos assegurar. É necessário repensar o que representa a livre apreciação da prova e romper com a tradição sedimentada para estabelecer standards qualificados, ou estaremos perpetuamente condenados a sucumbir ao dogmatismo, no sentido mais triste e conservador do termo.

Temos que reconhecer que sentença sempre será uma fabricação não correspondente ao passado e procurar sujeitá-la ao máximo nível de controle para subverter as possibilidades de que ela assuma conformação de mera fabricação narrativa desvinculada de um núcleo probató-

---

257 CORDERO, Franco. **Guida alla procedura penale**. Torino: UTET, 1986. p. 366.

258 TARUFFO, Michelle. **Simplemente la verdad:** el juez e la construcción de los hechos. Madrid: Marcial Pons, 2010. p. 79.

259 TARUFFO, Michelle. **Simplemente la verdad:** el juez e la construcción de los hechos. Madrid: Marcial Pons, 2010. p. 232.

260 RICOUER, Paul. **Tempo e narrativa, tomo I**. Campinas, SP: Papirus, 1994. p. 112.

rio. Não consigo visualizar como a concessão de poderes para que o juiz busque a verdade ou possa apreciar de modo inteiramente livre as provas favoreça essa pretensão de controle; pelo contrário, tenho a impressão de que ela potencializa a formação de uma fabricação narrativa de caráter monológico, que argumentativamente é a expressão de uma violência.

A narrativa não é a "escrita de lugar nenhum": não é produto direto do que resta de conteúdo probatório após o contraditório, nem somente da imaginação criativa de seu autor e do que as circunstâncias lhe determinam enquanto ser-no-mundo, mas sim, o produto fabricado de uma problemática convergência entre ambos.

Isso é absolutamente irrefutável, considerando-se a interferência do lugar de fabricação da narrativa, mesmo que esta esteja devidamente justificada e amparada por um núcleo probatório consistente. Não se trata de uma mera relação de provas, pois é preciso que um encadeamento narrativo confira ao núcleo probatório um efeito de verdade que só pode ser atingido através de certa unidade de sentido e significado, uma operação que sempre será muito delicada, eis que é produto de uma imaginação criativa.[261]

Diante do reconhecimento desse caráter inventivo, a ideia de fabricação abre dois caminhos ao juiz: de um lado, permite a superação do monólogo da busca da verdade, caso ele se coloque na disposição receptiva e apropriada para tal; por outro lado, se promovida por uma intencionalidade ardilosa, permite que ele conduza inteiramente o processo para o resultado que deseja – de forma semelhante aos antigos inquisidores – conformando um processo infalível. Para compreender o que está em jogo e evitar a arbitrariedade da verdade correspondente (ao real), é necessário deslocar o enfoque de uma realidade supostamente revelada por completo ou de forma aproximada, para uma análise das opções de sentido implicadas nas escolhas interpretativas de produção da verdade no processo.

---

261 Para Furet, "o acontecimento, tomado em si próprio, é ininteligível. É como uma pedra que apanho na praia: privada de significação. Para que a adquira, tenho de integrá-la em uma rede de acontecimentos, em relação aos quais vai ganhar um sentido. É a função da narrativa. [...] o que significa que, no interior da história narrativa, o acontecimento, apesar de sua natureza ser única e não comparável, extrai sua significação da sua posição no texto da narrativa, ou seja, do tempo". FURET, François. **A oficina da história**. Lisboa: Gradiva, 1979. p. 82-83.

Sendo assim, após a transcrição narrativa da convicção, a verdade no sentido correspondente permanecerá irrealizada, pois ainda que os rastros (provas) valham como se fossem o evento passado (Ser-como e Não-ser, o que chamo de regime do Análogo), sua utilização não permite a segurança do conhecimento moderno, estruturado nas noções de verdade e certeza; seu caráter é apenas analógico. Logo, mesmo após a decisão final permanecerá o estado de incerteza: a verdade é analogicamente produzida no processo penal, com base em rastros do passado. E se a verdade é produzida narrativamente sob o signo do Análogo, isso significa que a verdade é algo essencialmente contingente, o que demonstra que a ênfase deve residir nas regras do jogo e na contenção ritualizada do poder punitivo através do devido processo legal. O imaginário punitivista não deve continuar a triunfar.

CONSTITUIÇÃO, STANDARD DE PROVA E CONTROLES EPISTÊMICOS

Jacinto Nelson de Miranda Coutinho destaca que "[...] se há uma tentativa de fazer prevalecer o imaginário contra a cultura democrática, pelo menos dois caminhos se apresentam para marcar um lugar aceitável: 1º, não se iludir com o "canto da sereia" e, assim, não se permitir ser guiado pelo imaginário sedutor, pelas respostas fáceis que sacrificam os direitos e garantias fundamentais do cidadão em homenagem a uma ideologia repressivista; 2º, manter a resistência contra qualquer tipo de desvio nessa direção, de modo a que saibam todos que se não pode fazer o que quiser, principalmente contra a Constituição".[262] Como observa Ferrer Beltrán, em última análise a decisão sobre o nível de suficiência probatória não é epistemológica. A epistemologia pode nos ajudar a estabelecer um standard de prova que reflita corretamente o nível de suficiência probatória que se decidiu adotar, mas não nos diz nada sobre o nível em si mesmo. Essa é uma decisão política.[263] Como parece óbvio, essa decisão política foi tomada na Constituição. O restante é moralismo, ativismo, decisonismo e cruzada moral: e contra subjetividades autoritárias devemos nos acautelar. Lenio Streck tem razão: o livre convencimento motivado

---

262 COUTINHO, Jacinto Nelson de Miranda. Por que sustentar a democracia do sistema processual penal brasileiro. Em: < http://emporiododireito.com.br/leitura/por-que-sustentar-a-democracia-do-sistema-processual-penal-brasileiro>

263 FERRER BELTRÁN, Jordi. La valoración racional de la prueba. Madrid: Marcial Pons, 2007. p. 83.

permite uma trampa hermenêutica. Temos que consolidar standards probatórios mais rígidos, ou continuaremos testemunhando o triunfo dos mais autoritários decisionismos. Geraldo Prado resume bem o escopo da tarefa: "[...] um processo penal regido pela presunção de inocência deve tutelar com muito cuidado a atividade probatória, por meio da adoção de um rigoroso sistema de controles epistêmicos que seja capaz de dominar o decisionismo, que é identificado no texto como a «possibilidade de decisão arbitrária, dependendo unicamente da possibilidade de decidir»".[264]

Trata-se da escolha entre o que defini como um processo penal fundado na ambição de verdade ou um processo penal fundado na presunção de inocência, ou entre um processo penal do inimigo e um processo penal do cidadão. O primeiro serviu ao discurso de ódio, enquanto o segundo interdita o ódio. E o livre convencimento motivado? Ele tem servido muito bem ao primeiro, dando margem a todo tipo de decisionismo herdeiro da tradição inquisitória que, revigorada, auxiliou na difusão da racionalidade binária que deu suporte político, uma vez mais, para o triunfo da tentação autoritária no país.

---

264 PRADO, Geraldo. Prova penal e sistema de controles epistêmicos. São Paulo: Marcial Pons, 2014.p. 12.

🅘 editoraletramento
🅕 editoraletramento
🅨 grupoletramento

🌐 editoraletramento.com.br
🅸🅽 company/grupoeditorialletramento
✉ contato@editoraletramento.com.br

🌐 casadodireito.com 🅕 casadodireitoed 🅞 casadodireito